セラピー犬《けん》とは、人《ひと》とふれあうためにトレーニングを受《う》けた犬《いぬ》のこと。
人《ひと》の心《こころ》をあたためたり、笑《え》顔《がお》をもたらしたりする。

ジョンって どんな犬《いぬ》？

赤《あか》ちゃんのころ。このあと、
盲導犬協会《もうどうけんきょうかい》でトレーニングを受《う》ける。

好《す》きなこと

遊《あそ》ぶこと、散歩《さんぽ》すること、
人《ひと》とふれあうこと。

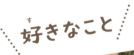

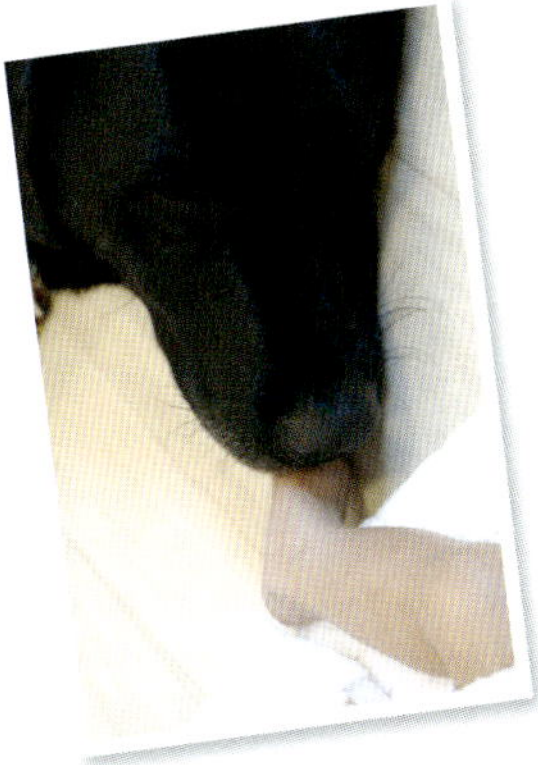

お仕事《しごと》・セラピー活動《かつどう》

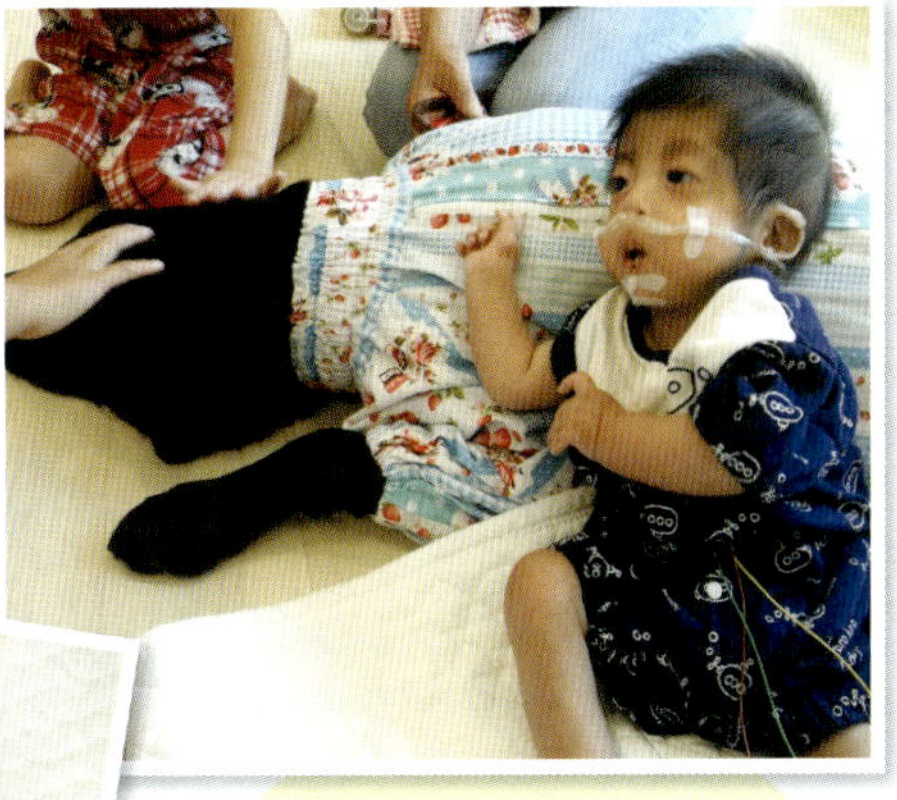

４さいから約《やく》３年間《ねんかん》、

こども病院《びょういん》で活動《かつどう》。

たくさんの子《こ》どもたちと

ふれあった。

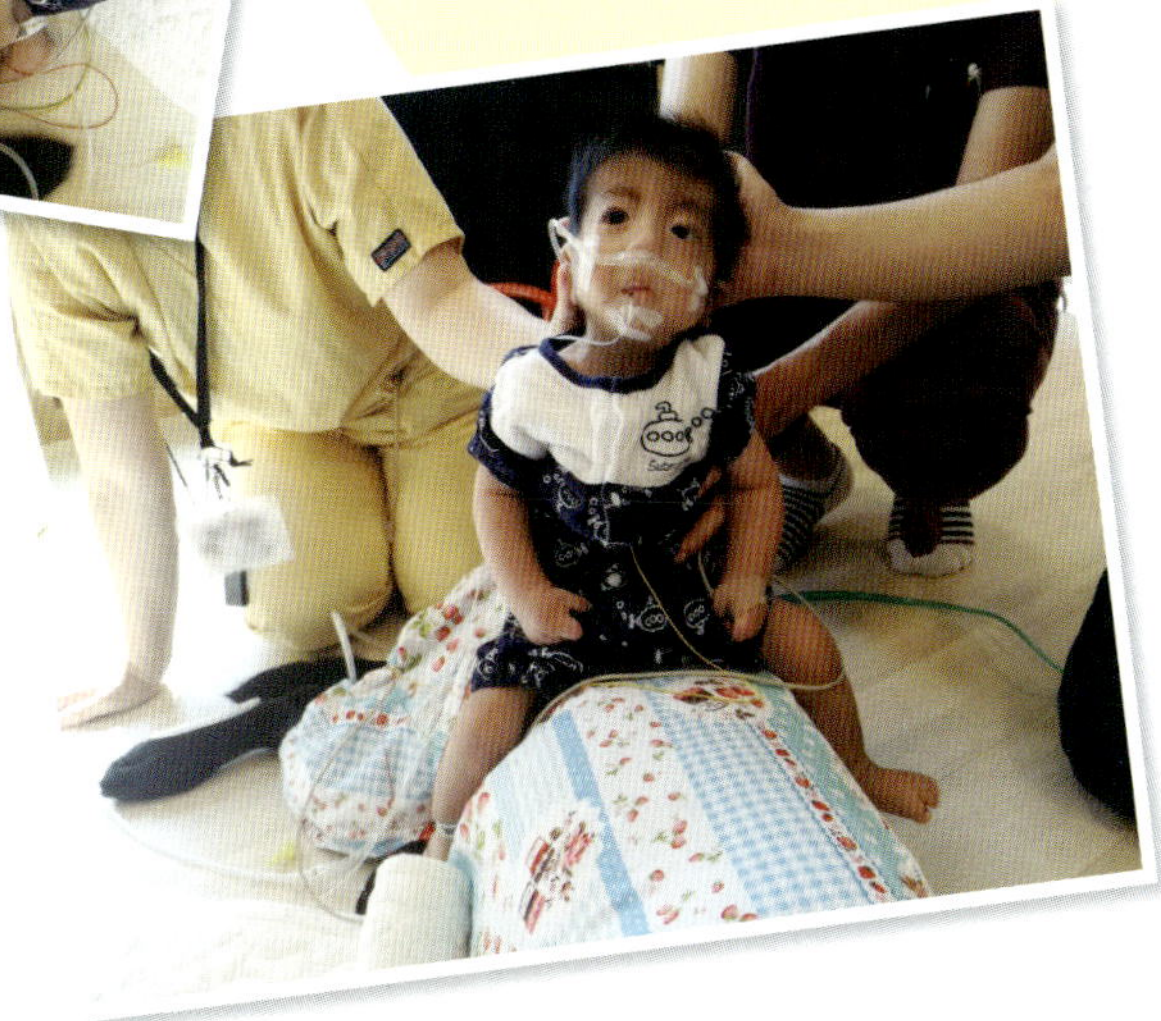

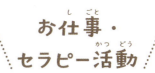

ジョンは、
いつもみどりさんといっしょ。
こども病院《びょういん》を引退後《いんたいご》は、
仲間《なかま》のレオと障《しょう》がい者《しゃ》しせつや
図書館《としょかん》などをおとずれた。

ジョンとみどりさん

セラピー犬ジョン

こども病院のきせき

今西乃子 著

こども病院《びょういん》に通《かよ》うジョンのお仕事《しごと》は、
みんなが「元気《げんき》になるお薬《くすり》」をとどけること。

〝ジョン！　ジョンといっしょにいると、
ちくちくしていた心《こころ》が
たちまち、ぽかぽかになっていったよ〟

これは、セラピー犬《けん》ジョンと
病気《びょうき》とたたかう子《こ》どもたちの
本当《ほんとう》にあったお話《はなし》です。

もくじ

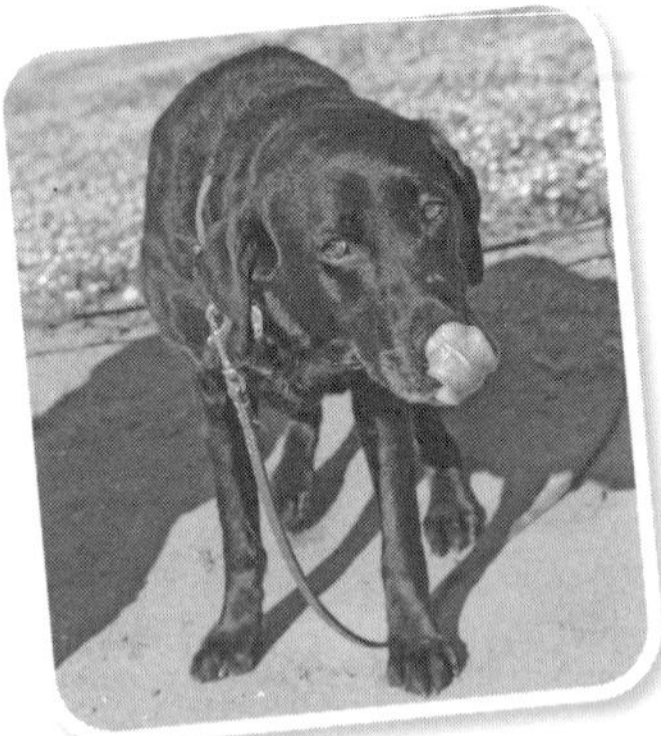

セラピー犬《けん》ジョン、こども病院《びょういん》へ行《い》く！

「ジョン！　おはよう」

その日《ひ》、みどりさんはいつものように気持《きも》ちのいい朝《あさ》をむかえると、となりでねていたジョンに、にっこりと笑《わら》いかけました。

かい主《ぬし》のみどりさんの笑顔《えがお》は、ジョンにとって最高《さいこう》のごほうびです。

ジョンは、うれしそうにシッポをふり、みどりさんのひざにごろんと頭《あたま》をのせてあまえました。そして、大《おお》きな体《からだ》をひょいと起《お》こして、ウーンッと大《おお》きくのびをしました。

いつもと変《か》わらず、ジョンは元気《げんき》。黒《くろ》いラブラドール・レトリーバー、ジョンはセラピー犬《けん》です。

セラピー犬《けん》とは、人間《にんげん》とふれあって、心《こころ》をぽかぽかにして笑顔《えがお》にしてくれる犬《いぬ》のこと。

ジョンは毎週木曜日《まいしゅうもくようび》になると、みどりさんといっしょにこども病院《びょういん》に行《い》き、入院《にゅういん》している子《こ》どもたちを笑顔《えがお》にするセラピー活動《かつどう》をしているのです。

「今日《きょう》はお仕事《しごと》の日《ひ》だね！」

みどりさんがいうと、ジョンは、ますますうれしそうにシッポをパタパタふりました。「お仕事《しごと》」という言葉《ことば》の意味《いみ》が、ちゃんとわかっているのです。

午後《ごご》になると、ジョンは長《なが》そでの洋服《ようふく》を着《き》て、みどりさんの車《くるま》に乗《の》って出《で》かけていきました。

体《からだ》からは、ふんわりといいにおいがただよってきます。お仕事《しごと》の前《まえ》の日《ひ》には、体《からだ》をきれいにあらってもらうのが決《き》まりです。ばいきんを病院《びょういん》の中《なか》に持《も》ちこまないようにするためです。そして、病院《びょういん》の中《なか》で毛《け》が落《お》ちるのをふせぐため、長《なが》そでの洋服《ようふく》を着《き》ています。

やってきたのは、こども病院《びょういん》の中《なか》にあるプレイルームです。

しばらくすると、ひとり、またひとり、病室《びょうしつ》から子《こ》どもたちがジョンに会《あ》いにやってきました。

病気《びょうき》で長《なが》い間入院《あいだにゅういん》している子《こ》どもたちは、学校《がっこう》に行《い》くことができません。病院《びょういん》から出《で》られず、友達《ともだち》と元気《げんき》に遊《あそ》ぶことができない子《こ》もいます。みんな病気《びょうき》を治《なお》すため、大《だい》きらいな注射《ちゅうしゃ》を打《う》ったり、薬《くすり》を飲《の》んだり、時《とき》には、とてもつらい手術《しゅじゅつ》を受《う》けたりして、いっしょけんめいがんばっているのです。

お仕事《しごと》の前《まえ》の日《ひ》は、
体《からだ》をきれいにあらう。

病院《びょういん》で毛《け》が落《お》ちないように、
長《なが》そでの洋服《ようふく》を着《き》る。

みどりさんは、そんな子《こ》どもたちを少《すこ》しでも笑顔《えがお》にするため、ジョンといっしょに子《こ》どもたちに会《あ》いに来《き》ているのでした。

「うわーい！　ジョンだ！　ジョンが来《き》たよ！」

子《こ》どもたちがプレイルームに集《あつ》まると、ジョンがごろんと横《よこ》になってねそべりました。

みんな思《おも》い思《おも》いにジョンとすごします。

ジョンの耳《みみ》をずっとなでている子《こ》。ジョンの体《からだ》にだきつく子《こ》。ジョンの大《おお》きな体《からだ》の上《うえ》に頭《あたま》をのせてねている子《こ》までいます。でもジョンはへっちゃら！　三十《さんじっ》キログラムも体重《たいじゅう》がある大型犬《おおがたけん》のジョンにとっては、重《おも》くもなんともありません。

それどころか、子《こ》どもたちの声《こえ》が心地《ここち》いいのか、ジョンは、うとうとといねむりを始《はじ》めました。

子《こ》どもたちの家族《かぞく》も、その様子《ようす》を近《ちか》くで見守《みまも》っています。時《とき》にジョンは、子《こ》どもたちが歩《ある》いたり体《からだ》を動《うご》かしたりする練習《れんしゅう》（リハビリテーション）の手伝《てつだ》いもします。ジョンがいっしょに歩《ある》いてくれたら、子《こ》どもたちはつらい練習《れんしゅう》でもがんばれるのです。

みどりさんは、そんなジョンと子《こ》どもたちを見《み》て、犬《いぬ》には人間《にんげん》にまねできない不思議《ふしぎ》な力《ちから》があるのだといつも思《おも》っていました。

しばらくすると、お母《かあ》さんにつきそわれた小学生《しょうがくせい》の男《おとこ》の子《こ》が、ジョンに会《あ》いにやってきました。この子《こ》がジョンに会《あ》うのは、これで三回《さんかい》目《め》です。

「今日《きょう》はかなり体調《たいちょう》が悪《わる》くて、病室《びょうしつ》から出《で》られそうになかったんですが、どうしてもジョンに会《あ》うんだって、がんばって歩《ある》いてきました」

男《おとこ》の子《こ》は、顔色《かおいろ》も悪《わる》く、とてもしんどそうです。

「ゆっくりでいいよ、ジョンをなでてごらん！」

みどりさんはそういうと、笑顔《えがお》で手《て》まねきしました。

男《おとこ》の子《こ》はお母《かあ》さんに手《て》を引《ひ》かれて、ゆっくり、ゆっくり、ジョンの近《ちか》くまでやってきました。

すると、先《さき》にジョンにぴったりとよりそってねていた少《すこ》し大《おお》きな男《おとこ》の子《こ》が、体《からだ》を起《お》こして「ぼくはもう、ジョンから今日《きょう》のお薬《くすり》をもらったから！」と笑《わら》って、ジョンの背中《せなか》をゆずってくれました。

みどりさんが「ありがとう！」というと、ジョンがパタン、パタンと太《ふと》いシッポをふりました。

「お兄《にい》ちゃんがゆずってくれたよ！　ほら、ジョンも待《ま》ってる！」

男《おとこ》の子《こ》は、ゆずってくれた男《おとこ》の子《こ》に「ありがとう」とお礼《れい》をいうと、ゆっくりとジョンに近《ちか》づき、となりにしゃがみこみました。歩《ある》くのも大変《たいへん》そうです。

「ジョン、すっごく、すっごく、ぼく会《あ》いたかったんだよ……」

そういったあと、男《おとこ》の子《こ》は、ジョンの大《おお》きな体《からだ》にだきついて、すりすりとほおずりしました。

つぎのしゅんかん、あれほど苦《くる》しそうだった男《おとこ》の子《こ》の顔《かお》が、みるみる笑顔《えがお》に変《か》わっていきました。真《ま》っ青《さお》だった顔《かお》も、少《すこ》し赤《あか》みを帯《お》びてきているようです。

「ジョンのお薬《くすり》、きいたかな～？」

みどりさんがいうと、男《おとこ》の子《こ》はキャッキャと笑《わら》いながら、ジョンの背中《せなか》に自分《じぶん》の頭《あたま》をのせて目《め》をとじました。

そばで見《み》ていたお母《かあ》さんが、「今日《きょう》も、いっぱいジョンくんから元《げん》気《き》になるお薬《くすり》もらおうね！」といって、男《おとこ》の子《こ》といっしょにジョンをなでました。

その後《ご》も、つぎつぎと病室《びょうしつ》から子《こ》どもたちが出《で》てきて、ジョンの周《まわ》りに集《あつ》まってきます。

みんなジョンから「元気《げんき》になるお薬《くすり》」をもらいたくて、しかたがないのです。

いつもたくさんの子《こ》どもたちがジョンをなでにやってきますが、ジョンの取《と》りあいになったことは一度《いちど》もありません。きちんと順番《じゅんばん》を守《まも》って、子《こ》ども同士《どうし》でゆずりあいっこするのです。

〝自分《じぶん》がほしいものは、みんなもほしいもの〟

入院《にゅういん》している子《こ》どもたちは、教《おし》えてもらわなくても、そのことをよくわかっています。

みどりさんには、それがとても不思議《ふしぎ》でした。

たくさんつらい思《おも》いをした分《ぶん》、たくさんのやさしさが、子《こ》どもたちの心《こころ》の中《なか》に育《そだ》っていったのでしょうか。

病気《びょうき》はだれにとってもつらいものですが、がんばって生《い》きている子《こ》どもたちのすがたは、とても勇敢《ゆうかん》で、いっしょけんめいです。

みどりさんは、そんな子《こ》どもたちのすがたにいつも胸《むね》を打《う》たれます。

子《こ》どもたちを笑顔《えがお》にするために始《はじ》めたジョンのセラピー活動《かつどう》ですが、ジョンや子《こ》どもたちとの時間《じかん》は、みどりさんにとっても、大《おお》きな宝物《たからもの》になっていきました。

みどりさんとジョンの出会《であ》い

みどりさんがジョンに出会《であ》ったのは、盲導犬協会《もうどうけんきょうかい》でボランティアをしていたときのことでした。

みどりさんは、盲導犬《もうどうけん》といっしょに歩《ある》くイベントに参加《さんか》したことがあります。そこで出会《であ》った盲導犬《もうどうけん》にすっかり心《こころ》をうばわれて、盲導犬協会《もうどうけんきょうかい》でボランティア活動《かつどう》を始《はじ》めてみることにしたのです。

みどりさんの盲導犬協会《もうどうけんきょうかい》でのボランティア活動《かつどう》は、とても長《なが》い間続《あいだつづ》きました。協会《きょうかい》でのさまざまな活動《かつどう》の中《なか》で、みどりさんがもっとも興味《きょうみ》を持《も》ったのが、こども病院《びょういん》でのセラピー活動《かつどう》でした。

でも、盲導犬協会《もうどうけんきょうかい》が犬《いぬ》たちを病院《びょういん》に連《つ》れていくのは年《ねん》にわずか数回《すうかい》。

そんな中《なか》、みどりさんはある日《ひ》、こども病院《びょういん》の院長先生《いんちょうせんせい》からこんなことをいわれました。

「みどりさんが自宅《じたく》から直接犬《ちょくせついぬ》を連《つ》れてきてくれれば、もっともっとセラピー活動《かつどう》の回数《かいすう》をふやすことができるんじゃない？」

みどりさんの自宅《じたく》からこども病院《びょういん》までは、車《くるま》で三十分《さんじっぷん》ほどのきょり。さほど遠《とお》くはありません。院長先生《いんちょうせんせい》がいうとおり、セラピー犬《けん》となる犬《いぬ》を、自宅《じたく》であずかり、連《つ》れてくることができれば、もっと多《おお》く訪問《ほうもん》することができます。

院長先生《いんちょうせんせい》は、犬《いぬ》が大好《だいす》きで、いつもみどりさんに、犬《いぬ》には病気《びょうき》の子《こ》どもたちを元気《げんき》にする力《ちから》があると話《はな》していました。

「せきにんはすべてぼくが取《と》るから、ぜひ考《かんが》えてみてくれませんか？」

院長先生《いんちょうせんせい》にお願《ねが》いされたみどりさんは、まずは盲導犬協会《もうどうけんきょうかい》に相談《そうだん》することにしました。協会《きょうかい》もみどりさんの考《かんが》えに賛成《さんせい》のようです。

そこで、みどりさんのパートナーとして選《えら》ばれたのが、盲導犬協会《もうどうけんきょうかい》でPR犬《ピーアールけん》をになっていたジョンだったのです。

PR犬《ピーアールけん》とは、イベントなどで盲導犬《もうどうけん》のモデルをつとめ、お仕事《しごと》をしょうかいする犬《いぬ》のこと。盲導犬《もうどうけん》と同《おな》じトレーニングを受《う》けていて、盲導犬《もうどうけん》と同《おな》じ仕事《しごと》をすることができます。

PR犬《ピーアールけん》ジョンなら、セラピー活動《かつどう》もきっと上手《じょうず》にできるはず。

みどりさんがこども病院《びょういん》と話《はな》しあい、「健康《けんこう》なじょうたいで連《つ》れてくること」「セラピー活動《かつどう》の前日《ぜんじつ》には、必《かなら》ずシャンプーをして清潔《せいけつ》にすること」「病院内《びょういんない》では毛《け》が飛《と》びちらないように洋服《ようふく》を着《き》せること」を約束《やくそく》して、ジョンとのコンビが誕生《たんじょう》しました。

さっそく盲導犬協会《もうどうけんきょうかい》からみどりさんの家《いえ》にやってきたジョン。ジョンは、このとき四《よん》さいになっていました。落《お》ちつきもあって、セラピー犬《けん》として働《はたら》くにはちょうどいい年《ねん》れいです。

ジョンとのこども病院《びょういん》への訪問《ほうもん》に、何《なに》も不安《ふあん》はなかったみどりさん。でも、まずは、ジョンがどんな犬《いぬ》なのか、自宅《じたく》で観察《かんさつ》しなければなりません。

はじめてみどりさんの家《いえ》に入《はい》ったジョンは、最初少《さいしょすこ》し落《お》ちつかない様子《ようす》でしたが、すぐにリラックスして、夜《よる》にはリビングのクッションの上《うえ》で、体《からだ》をのばしてねいってしまいました。

よほどつかれていたのでしょう。

ゆめを見《み》ているのか、ときどきシッポをパタパタしたり、後《うし》ろ足《あし》でけるしぐさをしたりしています。

「ジョン、きっと走《はし》っているゆめを見《み》ているんだね」

みどりさんが家族《かぞく》にいうと、みんなクスクス笑《わら》いながら〝新《あたら》しい家《か》族《ぞく》〟ジョンのすがたをうれしそうにながめていました。

「ジョン、これからよろしくね！　ジョンならきっと、子《こ》どもたちをたくさん笑顔《えがお》にできるよ！」

みどりさんは、これから始《はじ》まるジョンとのセラピー活動《かつどう》に、胸《むね》を高《たか》鳴《な》らせました。

まずは、翌日《よくじつ》から、できるだけいっしょにいて、じっくりとジョンを観察《かんさつ》することにしました。

ジョンは音《おと》には敏感《びんかん》ですが、よほど大《おお》きな音《おと》以外《いがい》は、おどろくことはありません。

お散歩《さんぽ》は大好《だいす》きで、散歩中《さんぽちゅう》、ほかの犬《いぬ》のことを気《き》にかける様子《ようす》はありません。

人《ひと》は好《す》きですが、こうふんして飛《と》びつくということも、まったくありません。

家《いえ》の庭《にわ》ではリラックスできるのか、おもちゃを使《つか》って思《おも》いきり遊《あそ》ぶのも好《す》きです。

「待《ま》て！」という指示《しじ》を出《だ》すと、しっかりその場《ば》で待《ま》つことができます。これはセラピー活動《かつどう》をするうえで大切《たいせつ》なことです。

すでに盲導犬協会《もうどうけんきょうかい》でさまざまなトレーニングを終《お》えているので、オシッコやウンチは、みどりさんの声《こえ》かけで、することができます。

「ジョン！　ワン！　ツー！　ワン！　ツー！」

「ワン」と声《こえ》かけすると「オシッコの時間《じかん》だよ」という合図《あいず》。「ツー」は、「ウンチの時間《じかん》だよ」という合図《あいず》。

どちらも上手《じょうず》！　さすが、元盲導犬協会《もともうどうけんきょうかい》のPR犬《ピーアールけん》です。

こども病院《びょういん》に行《い》くときには、オシッコやウンチを、病院《びょういん》に入《はい》る前《まえ》にすませておかなくてはなりません。みどりさんの声《こえ》かけで、トイレができるというのは、セラピー犬《けん》としてとても大切《たいせつ》なことなのです。

みどりさんは、ジョンの耳《みみ》の手入《てい》れや歯《は》みがきなども念入《ねんい》りに行《おこな》いました。

ジョンはいやがらず、とてもいい子《こ》。セラピー犬《けん》として文句《もんく》なしの百点満点《ひゃくてんまんてん》です！

「ようし、ジョン！　これなら大丈夫《だいじょうぶ》。さすがジョンだね！」

みどりさんはうれしくなって、ジョンを思《おも》いきりだきしめました。

みどりさんの家《いえ》の庭《にわ》で、おもちゃで遊《あそ》ぶジョン（手前《てまえ》）。

みどりさんの家族《かぞく》とも仲良《なかよ》し。

じゅんびはばんぜん。みどりさんは、ジョンと二人三脚《ににんさんきゃく》のセラピー活動《かつどう》の日《ひ》が待《ま》ちどおしくてしかたありません。

こうしてセラピー活動《かつどう》を間近《まぢか》にひかえた夏《なつ》の日《ひ》のこと——。

いつものようにジョンを連《つ》れて散歩《さんぽ》に出《で》かけ、自宅《じたく》にもどろうとしたそのとき、とつぜん大雨《おおあめ》がふってきました。空《そら》が真《ま》っ暗《くら》になり、ゴロゴロとかみなりが聞《き》こえてきます。

幸《さいわ》い、家《いえ》は目前《もくぜん》。みどりさんは、ジョンを連《つ》れてあわてて家《いえ》の中《なか》にかけこみました。とつぜんの雨《あめ》に、みどりさんもジョンもびしょぬれです。

「ジョン！　ウェイト（待《ま》て）」

ジョンは指示《しじ》にしたがって、じっと立《た》ちどまりました。

「すぐにふいてあげるからね」

そして、みどりさんがあわてて、タオルを取《と》りに洗面所《せんめんじょ》に走《はし》ったそのとき……。

まどの外《そと》がいっしゅん、ぴかっと光《ひか》り、ドッカーンという大《おお》きな音《おと》がひびきわたりました。

どこかでかみなりが落《お》ちたようです。

これからはかみなりが多《おお》くなる季節《きせつ》。みどりさんは、さほど気《き》にせず、タオルを手《て》に玄関《げんかん》にもどっていきました。

「ジョン～！　お待《ま》たせ！　タオル持《も》ってきたよ」

見《み》ると、ジョンがハアハアいいながら、うろうろ、うろうろ同《おな》じ場《ば》所《しょ》を行《い》ったり来《き》たりしています。

そのとき、またドッカーンとかみなりが鳴《な》りました。

ジョンの様子《ようす》があきらかに変《へん》です。

「ジョン、大丈夫《だいじょうぶ》……。大丈夫《だいじょうぶ》だよ……」

必死《ひっし》でなだめても、みどりさんの声《こえ》など耳《みみ》に入《はい》らないようです。いつも平然《へいぜん》としていたジョンが、きょうふのせいで、おろおろしています。かみなりの音《おと》が大《だい》の苦手《にがて》なようです。

ジョンが、本物《ほんもの》の盲導犬《もうどうけん》ではなく、PR犬《ピーアールけん》として働《はたら》いていたのは、こういった特殊《とくしゅ》な音《おと》が苦手《にがて》なせいだったのかもしれません。

盲導犬《もうどうけん》は、かみなり、チャイム、サイレン、テレビ、ラジオ、ほかの犬《いぬ》や鳥《とり》の鳴《な》き声《ごえ》、どんな音《おと》に対《たい》しても動《どう》じず、知《し》らん顔《かお》ができなければ、つとまりません。目《め》の不自由《ふじゆう》な人《ひと》の道案内《みちあんない》をしているとき、かみなりが鳴《な》ってこわいからといってとつぜん走《はし》りだしたら、人《ひと》の命《いのち》に関《かか》わるからです。

そんなことを考《かんが》えていると、またゴロゴロとかみなりが鳴《な》りだしました。

ジョンは、ますます不安《ふあん》そうにして、行《い》ったり来《き》たり、一時《いっとき》もじっとしていません。

「ジョン！ ウェイト！（待《ま》て！）」

みどりさんの指示《しじ》にも気《き》もそぞろ。いつものジョンと同《おな》じ犬《いぬ》とは思《おも》えないほどの変《か》わりようです。体《からだ》をふこうとタオルで背中《せなか》をなでると、こきざみにふるえています。

そのすがたを見《み》たみどりさんは、かみなりの予報《よほう》が出《で》たらセラピー活動《かつどう》を中止《ちゅうし》したほうがいいかもしれないと考《かんが》えました。

もし、子《こ》どもたちとふれあっているときにかみなりが鳴《な》って、ジョンがとつぜん立《た》ちあがったら、子《こ》どもたちにけがをさせてしまうかもしれません。

入院《にゅういん》している子《こ》どもたちの中《なか》には、けがをして血《ち》が出《で》ると命《いのち》に関《かか》わる病気《びょうき》の子《こ》もいるため、たった一度《いちど》の失敗《しっぱい》が命取《いのちと》りにもなるのです。

みどりさんは、セラピー活動《かつどう》の前《まえ》には天気予報《てんきよほう》を必《かなら》ずかくにんして、かみなり注意報《ちゅういほう》が出《で》ているときには、セラピーをお休《やす》みしようと心《こころ》に決《き》めました。

こうした心配《しんぱい》ごとの残《のこ》る中《なか》、みどりさんとジョンはセラピー活動《かつどう》を始《はじ》めましたが、大《だい》きらいなかみなりにみまわれることもなく、こども病院《びょういん》への初訪問《はつほうもん》は大成功《だいせいこう》!

それからも訪問活動《ほうもんかつどう》を重《かさ》ね、たくさんの子《こ》どもたちを笑顔《えがお》にして、あっという間《ま》に一年《いちねん》がすぎていったのでした。

ジョンのお仕事《しごと》モード！

みどりさんとジョンがこども病院《びょういん》でセラピー活動《かつどう》を始《はじ》めて、二年目《にねんめ》の夏《なつ》がやってきました。セラピー活動《かつどう》は毎週木曜日《まいしゅうもくようび》。午後二時半《ごごにじはん》から三時半《さんじはん》までです。

学校《がっこう》はすでに夏休《なつやす》みに入《はい》っていますが、入院中《にゅういんちゅう》の子《こ》どもたちには、楽《たの》しい夏休《なつやす》みはありません。みどりさんは、その分《ぶん》、ジョンといっしょに子《こ》どもたちにできるだけ会《あ》いに行《い》って、楽《たの》しい時間《じかん》をつくりたいと思《おも》っていました。

ジョンは、ますます病院《びょういん》にいる子《こ》どもたちやその家族《かぞく》の人気者《にんきもの》となりました。ジョンが来《く》る木曜日《もくようび》をみんなが待《ま》ちわびています。

ジョンも訪問《ほうもん》を楽《たの》しみにしているのか、木曜日《もくようび》になると、朝《あさ》からそわそわ。お仕事用《しごとよう》の洋服《ようふく》をみどりさんが出《だ》すと、玄関《げんかん》にさっと走《はし》っていって「早《はや》く、早《はや》く！」といわんばかりにシッポをブンブンふって待《ま》っています。

みどりさんは、そんなジョンを待《ま》たせたまま玄関《げんかん》を出《で》ると、車《くるま》にエンジンをかけ、エアコンを全開《ぜんかい》にしました。

今日《きょう》の天気《てんき》は快晴《かいせい》！　犬《いぬ》は夏《なつ》の暑《あつ》さが大《だい》の苦手《にがて》ですから、車《くるま》の中《なか》の温度《おんど》には気《き》をつけなければ熱中症《ねっちゅうしょう》になってしまいます。

車《くるま》の中《なか》がすずしくなったのをたしかめて、みどりさんは、ジョンを乗《の》せました。出発《しゅっぱつ》です！

病院《びょういん》に着《つ》くと、ジョンはすっかりお仕事《しごと》モード。早《はや》く子《こ》どもたちに会《あ》いたくてしかたがない様子《ようす》ですが、決《けっ》して先《さき》に歩《ある》こうとせず、つね

ジョンのお仕事服《しごとふく》

あざやかな色《いろ》の柄物《がらもの》が
お気《き》にいり。

ハロウィーンの日《ひ》は、
仮装《かそう》して出《で》かけた。

にみどりさんのとなりで指示《しじ》を待《ま》っています。

プレイルームに到着《とうちゃく》して、いつものようにジョンがふせのポーズをとりました。すると「待《ま》ってました」とばかりに、つぎつぎと子《こ》どもたちやその家族《かぞく》、お医者《いしゃ》さん、看護師《かんごし》さんがやってきました。

「ジョン〜！　元気《げんき》になるお薬《くすり》もらいに来《き》たよ！」

ジョンは、やってくるみんなをつぎつぎと笑顔《えがお》にしていきます。

今日《きょう》もいつもと変《か》わらず、無事《ぶじ》セラピー活動《かつどう》を終《お》えられそう……。

みどりさんは、ほっとしました。


気《き》がつくと、まもなく終了《しゅうりょう》の時間《じかん》です。

最後《さいご》にたくさんジョンをなでたいと、子《こ》どもたちは、なごりおしそうに、ジョンの耳《みみ》をさわったり、ジョンの頭《あたま》にだきついたり、ジョンの太《ふと》ももをまくらにねころがったり……。

そのときです。とつぜん、ゴロゴロとかみなりが鳴《な》りはじめました。

かみなり予報《よほう》は出《で》ていなかったはず。急《きゅう》な夏《なつ》の夕立《ゆうだち》のようです。

みどりさんは、かみなりの音《おと》を聞《き》いて、背筋《せすじ》がこおる思《おも》いでジョンを見《み》ました。

子《こ》どもたちは、まだジョンをなでています。無理《むり》にジョンから引《ひ》きはなすわけにもいきません。

どうしよう……。今《いま》、かみなりが落《お》ちたら、大変《たいへん》なことになる……。

そう思《おも》ったしゅんかん「ドッカーン！」と大《おお》きな音《おと》がしました。

子《こ》どもたちが「キャー」といって、ジョンにだきつきました。

みどりさんは、心臓《しんぞう》が止《と》まりそうになり、思《おも》わず「あっ」と声《こえ》を出《だ》して、ジョンを見《み》ると……。

まったく動《どう》じることなく、ゆかにねそべったまま、どうどうとしているではありませんか。顔《かお》を少《すこ》し起《お》こし、子《こ》どもたちを見《み》ながらシッポをパタン、パタンとふっています。

そのすがたは「ぼくがいるから大丈夫《だいじょうぶ》！」と子《こ》どもたちにいい聞《き》かせているようです。

ジョンはまちがいなく「お仕事中《しごとちゅう》であること」「子《こ》どもたちを笑顔《えがお》にするためにここにいること」を、しっかりと理解《りかい》しているのです。

「だから絶対《ぜったい》、がんばらなくっちゃ」

ジョンのお仕事《しごと》への強《つよ》い気持《きも》ちが「こわい」という気持《きも》ちをふき飛《と》ばしたのです。

みどりさんはそんなジョンを見《み》て、犬《いぬ》という生《い》きものは本当《ほんとう》にせきにん感《かん》が強《つよ》くて、かしこくて、やさしい生《い》きものなのだと思《おも》いました。

お仕事《しごと》モードになれば、こわいかみなりでさえ、へっちゃら！

ジョンのセラピー犬《けん》としての素質《そしつ》は、本物《ほんもの》です。


「ジョン、今日《きょう》もありがとう。こわかったのに、よくがんばったね」

セラピー活動《かつどう》の時間《じかん》が終《お》わったあと、後《あと》かたづけを終《お》えたみどりさんは、ジョンを思《おも》いきりだきしめました。いとおしさがこみ上《あ》げてきます。

ジョンは、うれしそうにみどりさんを見上《みあ》げ、シッポをふってあまえました。

みどりさんにほめられることが、今《いま》のジョンにとっては何《なに》よりのごほうびなのです。

そのとき、ジョンとみどりさんの様子《ようす》を見《み》ていたひとりのお母《かあ》さんが、みどりさんに声《こえ》をかけました。

「……毎週《まいしゅう》ここに、犬《いぬ》を連《つ》れてきているのですか？」

「はい！　毎週木曜日《まいしゅうもくようび》ですが、もうひとつの病棟《びょうとう》とこうたいで訪問《ほうもん》しているので、この病棟《びょうとう》に来《く》るのは二週間《にしゅうかん》に一度《いちど》です」

最近入院《さいきんにゅういん》した子《こ》どものお母《かあ》さんなのかな、とみどりさんは思《おも》いました。でも、病院《びょういん》の子《こ》どもたちのことをみどりさんが自分《じぶん》から聞《き》くことは、絶対《ぜったい》にしませんでした。

この病院《びょういん》の子《こ》どもたちの多《おお》くは、命《いのち》に関《かか》わる重《おも》い病気《びょうき》をわずらっています。だから、病気《びょうき》のことを人《ひと》に聞《き》かれるのは、とてもつらいだろうと思《おも》っていました。

「うちのむすめ……入院中《にゅういんちゅう》なんですけど、今《いま》は、病室《びょうしつ》から出《で》られないんです……。あの……さわっていいですか？」

みどりさんが「どうぞ」というと、お母《かあ》さんは今《いま》にもなみだを流《なが》しそうな顔《かお》で、ジョンをなではじめました。

「うちの子……未来《みく》っていうんですが、手術《しゅじゅつ》を終《お》えたばかりで、当分《とうぶん》ベッドの上《うえ》から動《うご》けないんです……。うちにも犬《いぬ》がいて……、未来《みく》もすごく犬《いぬ》が大好《だいす》きだから、きっと会《あ》いたかっただろうなあ……。わたしが代《か》わりにいっぱいなでちゃおう……！」

未来《みく》ちゃんママはそういうと、ジョンをなでながら話《はなし》を続《つづ》けました。

「うちの子《こ》、〝せきずいずいまくりゅう〟という病気《びょうき》なんです。おなかにいるときから、病気《びょうき》があるってお医者《いしゃ》さんにいわれていて、生《う》まれたときからずっと、手術《しゅじゅつ》と入院《にゅういん》をくり返《かえ》しているんです……」

未来《みく》ちゃんは十一《じゅういっ》さいの女《おんな》の子《こ》です。ママのおなかの中《なか》にいたときに「脊髄髄膜瘤《せきずいずいまくりゅう》」という重《おも》い病気《びょうき》がわかり、背中《せなか》の皮《ひ》ふが十分《じゅうぶん》に育《そだ》たないじょうたいで生《う》まれてきました。脳《のう》から背中《せなか》に続《つづ》く神経《しんけい》（脊髄《せきずい》）の管《くだ》が発育途中《はついくとちゅう》で開《あ》いたままなので、歩《ある》くことができなくなったり、手足《てあし》がしびれたり、さまざまな障《しょう》がいが出《で》る可能性《かのうせい》がありました。

生《う》まれたときから入退院《にゅうたいいん》をくり返《かえ》して、今回《こんかい》で数回目《すうかいめ》の入院《にゅういん》です。

「ジョンとここに来《く》るようになってもう一年《いちねん》ですが、会《あ》うのは、はじめてですね？」

「未来《みく》がかかっていたお医者《いしゃ》さんがこの病院《びょういん》に転勤《てんきん》になったので、わたしたちも先生《せんせい》を追《お》いかけて、今回《こんかい》はじめてこの病院《びょういん》にお世話《せわ》になっているんです」

未来《みく》ちゃんは、新幹線《しんかんせん》で二時間半《にじかんはん》ほどかかる遠《とお》いところから、手術《しゅじゅつ》を受《う》けるために、夏休《なつやす》みを利用《りよう》してこの病院《びょういん》にやってきました。手術《しゅじゅつ》は無事終《ぶじお》わりましたが、十日《とおか》ほどはベッドから動《うご》くことができないといいます。

「今度《こんど》は、二週間後《にしゅうかんご》の木曜日《もくようび》に、この病棟《びょうとう》のプレイルームに来《き》ます。そのときは未来《みく》ちゃん、歩《ある》けるといいですね」

「はい。二週間後《にしゅうかんご》なら大丈夫《だいじょうぶ》だと思《おも》います。あの、犬《いぬ》の名前《なまえ》は？」

「ジョン！　今年《ことし》五さいになります」

「ジョンくん、よろしくね。うちにも犬《いぬ》がいて、家族《かぞく》みんな犬《いぬ》が大好《だいす》き！　だからジョンくんに会《あ》えてすっごく元気《げんき》が出《で》たよ。病院《びょういん》に犬《いぬ》がいるなんて、思《おも》いもしなかった！　すごく、すっごく、うれしい！」

未来《みく》ちゃんママは、笑顔《えがお》をうかべ、ジョンを見《み》ながら話《はな》しつづけました。

「……ジョンくん、今度《こんど》は未来《みく》を元気《げんき》にしてくれる？」

ジョンが、みどりさんを見《み》て「いい？」と聞《き》くかのような顔《かお》をして、未来《みく》ちゃんママの前《まえ》でごろんと横《よこ》になりました。ふたたび、お仕事《しごと》モード。自分《じぶん》の出番《でばん》だといいたそうです。

「ジョン。未来《みく》ちゃん、今日《きょう》は来《こ》られないよ。それに、もう時間《じかん》だから帰《かえ》らなくちゃね」

みどりさんがいうと、ジョンは、すっと立《た》ちあがって、みどりさんの左《ひだり》どなりにぴたっとつきました。

未来《みく》ちゃんママは、みどりさんとジョンがエレベーターに乗《の》るまで、ジョンのそばをはなれず、なごりおしそうにふたりを見送《みおく》ってくれました。

「ジョンくん。二週間後《にしゅうかんご》、必《かなら》ず会《あ》おうね。待《ま》ってるよ！　約束《やくそく》だよ！」

エレベーターのとびらがしまり、みどりさんは、未来《みく》ちゃんってどんな女《おんな》の子《こ》なんだろう、と考《かんが》えました。

生《う》まれたときから大《おお》きな病気《びょうき》があって、まだ小学生《しょうがくせい》なのに何度《なんど》も大《おお》きな手術《しゅじゅつ》をくり返《かえ》してきた未来《みく》ちゃん……。

みどりさんは、せつなさで胸《むね》がいっぱいになりました。

ここにいる子《こ》たちの多《おお》くが、未来《みく》ちゃんのように何度《なんど》も入退院《にゅうたいいん》をくり返《かえ》しています。

今《いま》の自分《じぶん》にできることは、そんな子《こ》どもたちとお母《かあ》さんたちを、笑《え》顔《がお》にすることだけ――。

そのために、ジョンの力《ちから》が必要《ひつよう》です。

みどりさんは、ジョンといっしょに、まだ会《あ》ったことのない未来《みく》ちゃんが一日《いちにち》も早《はや》く歩《ある》けるよう、心《こころ》の底《そこ》からいのりました。

ジョンと未来《みく》ちゃん

十一《じゅういっ》さいの未来《みく》ちゃんは、背中《せなか》の手術《しゅじゅつ》が終《お》わってからずっと、ずっとうつぶせでねていました。

ねがえりを打《う》つこともダメ。体《からだ》を動《うご》かすこともダメ。

ごはんを食《た》べるときも、オシッコやウンチをするときも、うつぶせのまんま――。

それがどれだけつらいことなのか、未来《みく》ちゃん以外《いがい》、ほかのだれにもわかりません。

これまでの入院《にゅういん》でいちばん苦《くる》しくて、つらくて、楽《たの》しみなんて何《なに》もありません。

未来《みく》ちゃんは、まくらに顔《かお》をうずめながら、じっとがまんをしていました。

もう、何度《なんど》入院《にゅういん》したでしょう――。もう、何度《なんど》いたい思《おも》いをしたでしょう――。

〝夏休《なつやす》みが終《お》わるころには元気《げんき》になって、早《はや》く学校《がっこう》の友達《ともだち》に会《あ》いたいなあ……〟

そんなことを考《かんが》えていると、お母《かあ》さんが病室《びょうしつ》にもどってきました。

「お母《かあ》さん！　おそいよ！　何《なに》してたの？」

思《おも》わず大声《おおごえ》でどなると、お母《かあ》さんが「犬《いぬ》がね、プレイルームに来《き》ていて、ずっと見《み》ていたんだよ」と、少《すこ》し明《あか》るい声《こえ》でいいました。

「犬《いぬ》？」

未来《みく》ちゃんは思《おも》わず、体《からだ》をひねってお母《かあ》さんの顔《かお》を見《み》ようと思《おも》いましたが、それは絶対《ぜったい》にできません。頭《あたま》だけ上《あ》げて「犬《いぬ》が病院《びょういん》に来《き》たの？」とお母《かあ》さんに聞《き》きました。

「うん！ ジョンくんっていう、ラブラドール・レトリーバーの男《おとこ》の子《こ》だよ。すっごくおりこうさん！ セラピー犬《けん》だって」

「えー！ いいなあ！ 会《あ》いたいなあ！ ジョン、今度《こんど》いつ来《く》るの？」

「二週間後《にしゅうかんご》」

お母《かあ》さんがそう答《こた》えると、病室《びょうしつ》のとびらが開《あ》いて、未来《みく》ちゃんを担当《たんとう》しているお医者《いしゃ》さんが入《はい》ってきました。

そのすがたを見《み》た未来《みく》ちゃんは、すかさず「先生《せんせい》～、病院《びょういん》に犬《いぬ》がいるって本当《ほんとう》？」と聞《き》きました。

すると先生《せんせい》は「ジョンのこと？ そうなんだよ！ すっごくいい子《こ》

でね。ぼくも、ジョンが来《き》たらいつも会《あ》いに行《い》くよ！」とうれしそう
にいいました。
「先生《せんせい》も犬好《いぬず》きだもんね！」
「ぼくも、ジョンと同《おな》じラブラドール・レトリーバーをかっているか
らね。もうかわいくてしかたないよ。でも、うちの子《こ》は、ジョンくん
ほどおりこうじゃないなあ～」
「再来週《さらいしゅう》の木曜日《もくようび》に来《く》るってお母《かあ》さんから聞《き》いたけど……、先生《せんせい》、二《に》
週間後《しゅうかんご》なら、プレイルームまで行《い》ってもいいですか？」
未来《みく》ちゃんは、えんりょがちに聞《き》きました。
「……うん。車《くるま》いすなら、大丈夫《だいじょうぶ》だと思《おも》うよ！　未来《みく》ちゃん、楽《たの》しみ
ができたね！　ジョンに会《あ》うために、今《いま》はがまんだね」
先生《せんせい》の言葉《ことば》に、未来《みく》ちゃんは、まくらにあごをのせて「……はあい

……」と返事《へんじ》をしました。

その様子《ようす》を見《み》て、お母《かあ》さんが未来《みく》ちゃんの頭《あたま》をなでていいました。

「ジョンくんに会《あ》う楽《たの》しみができて、よかったね！　きっと未来《みく》、ジョンくんのことすっごく好《す》きになるよ。それから、家《いえ》に電話《でんわ》したらね、トータもがんばってるって。未来《みく》が退院《たいいん》して家《いえ》に帰《かえ》るまで、きっとトータもがんばってくれるよ。だから、未来《みく》ももう少《すこ》し、がんばって！」

未来《みく》ちゃんは、お母《かあ》さんの言葉《ことば》に、トータのことを思《おも》いだしました。

トータは、お母《かあ》さんがお父《とう》さんと結婚《けっこん》する前《まえ》からかっているチワワです。もう十四《じゅうよん》さい。かなりのお年《とし》よりです。

生《う》まれつき心臓《しんぞう》が悪《わる》いおじいちゃん犬《けん》のトータは、いつ天国《てんごく》にお引《ひ》っこししてもおかしくないじょうたいでした。そんなじょうたいでトータとはなればなれになるのは、お母《かあ》さんも未来《みく》ちゃんも、つらくてたまりませんでした。でも、未来《みく》ちゃんの手術《しゅじゅつ》もとても大切《たいせつ》です。お母《かあ》さんは、お父《とう》さんと話《はな》しあい、トータの世話《せわ》をお父《とう》さんにまかせて、遠《とお》いこの病院《びょういん》までやってきたのです。

未来《みく》ちゃんは、トータのためにも、決《けっ》して泣《な》きごとはいわないと決《き》めていました。

自分《じぶん》ががんばれば、トータもきっと、退院《たいいん》するまで元気《げんき》でいてくれると、信《しん》じていたからです。

それに、今日《きょう》は、お母《かあ》さんがとびっきりのプレゼントを持《も》ってきてくれました。

二週間《にしゅうかん》すればジョンに会《あ》える、というプレゼントです。

「先生《せんせい》、がんばりますからジョンに会《あ》わせてください」
未来《みく》ちゃんがいうと、先生《せんせい》はやさしく笑《わら》って「必《かなら》ず会《あ》えるよ」と、未来《みく》ちゃんの頭《あたま》をなでてくれました。

二週間《にしゅうかん》もの間《あいだ》、ジョンと会《あ》うことだけを楽《たの》しみに、じっとがまんした未来《みく》ちゃん。

悲《かな》しいことも、つらいことも、生《い》きていれば、いつか必《かなら》ずすぎていくものです。

待《ま》ちに待《ま》った木曜日《もくようび》、未来《みく》ちゃんが車《くるま》いすに乗《の》って、お母《かあ》さんといっしょにプレイルームに行《い》くと、おおぜいの子《こ》どもたちの中《なか》にねそべっている黒《くろ》い犬《いぬ》が見《み》えました。

「未来《みく》、あれが、ジョンくんだよ！」

「……ジョン……」

生《う》まれたときからトータといっしょに育《そだ》ってきた未来《みく》ちゃんにとって、犬《いぬ》は家族《かぞく》。ジョンを見《み》たとたん、心《こころ》の中《なか》に、ぽかぽかとあたたかなものが広《ひろ》がっていくのを感《かん》じました。

でも、おおぜいの子《こ》どもたちにかこまれて、ジョンに近《ちか》づくことができません。

お母《かあ》さんに車《くるま》いすをおしてもらいながら、そうっと、できるかぎり近《ちか》くによると、ほかの子《こ》どもたちが道《みち》を開《あ》けてくれました。

犬《いぬ》のかい主《ぬし》さんらしき女《おんな》の人《ひと》が、未来《みく》ちゃんを見《み》て手《て》まねきしています。

「あの人《ひと》が、ジョンくんのかい主《ぬし》さんの、みどりさん」

そういいながら、お母《かあ》さんが、車《くるま》いすをゆっくりおし、みどりさんとジョンの前《まえ》まで未来《みく》ちゃんを連《つ》れていきました。

「未来《みく》ちゃん？」

みどりさんは、お母《かあ》さんから聞《き》いた話《はなし》を、ちゃんと覚《おぼ》えていてくれたようです。

うれしくなった未来《みく》ちゃんは「ジョンくん、はじめまして」といいました。

でも、ほかの子《こ》どもたちのようにゆかにすわってジョンをなでたり、ジョンのとなりにねころがったりすることはできません。

未来《みく》ちゃんは、手《て》をのばしてジョンをなでようとしましたが、車《くるま》いすの上《うえ》からでは、ねころがっているジョンの体《からだ》にとどきません。

そのとき、みどりさんが「ジョン！　アップ（立《た》って）」とジョンに声《こえ》をかけました。

ジョンは指示《しじ》どおりにさっと立《た》ちあがりました。

今度《こんど》は、みどりさんが「ジョン！　おひざ！」といいながら、未来《みく》ちゃんのひざに軽《かる》くタッチしました。

すると……、ジョンは、車《くるま》いすにすわっていた未来《みく》ちゃんのひざの上《うえ》に、自分《じぶん》のあごをひょいっとのせて、目《め》をつむったのです。

大《おお》きな大《おお》きなジョンの顔《かお》が、未来《みく》ちゃんのひざの上《うえ》にのっています。

あたたかな体温《たいおん》が、ひざの上《うえ》から伝《つた》わってきます。

未来《みく》ちゃんはたまらなくなって、ジョンの大《おお》きな顔《かお》を、両手《りょうて》で包《つつ》みこむようにして、やさしくなでました。

「……ジョン、はじめまして、未来《みく》です」

ジョンが上目《うわめ》づかいに未来《みく》ちゃんを見《み》て、シッポをパタン、パタンとふりました。

未来《みく》ちゃんの心《こころ》の中《なか》が、どんどんぽかぽかになっていきます。

こんなにやさしくて、あたたかくて、かわいい犬《いぬ》が、病院《びょういん》に来《き》てくれるなんて。未来《みく》ちゃんは、ジョンのことが大好《だいす》きになりました。

病院《びょういん》の中《なか》では、つらい治療《ちりょう》や手術《しゅじゅつ》で、心《こころ》がちくちくいたむことばかりです。

心《こころ》がぽかぽかになることなど、これまで一度《いちど》もありませんでした。

それが、ジョンといれば、同《おな》じ病院《びょういん》の中《なか》でもまるでちがった気持《きも》ちになれるのですから、不思議《ふしぎ》でしかたがありません。

ジョンと出会《であ》えたことが、未来《みく》ちゃんにとって、大《おお》きな希望《きぼう》となりました。

「お母《かあ》さん、わたしの心《こころ》がぽかぽかになれば、きっとトータにもぽかぽかが伝《つた》わるよね！　わたしが笑顔《えがお》になったら、きっとトータも、笑《え》

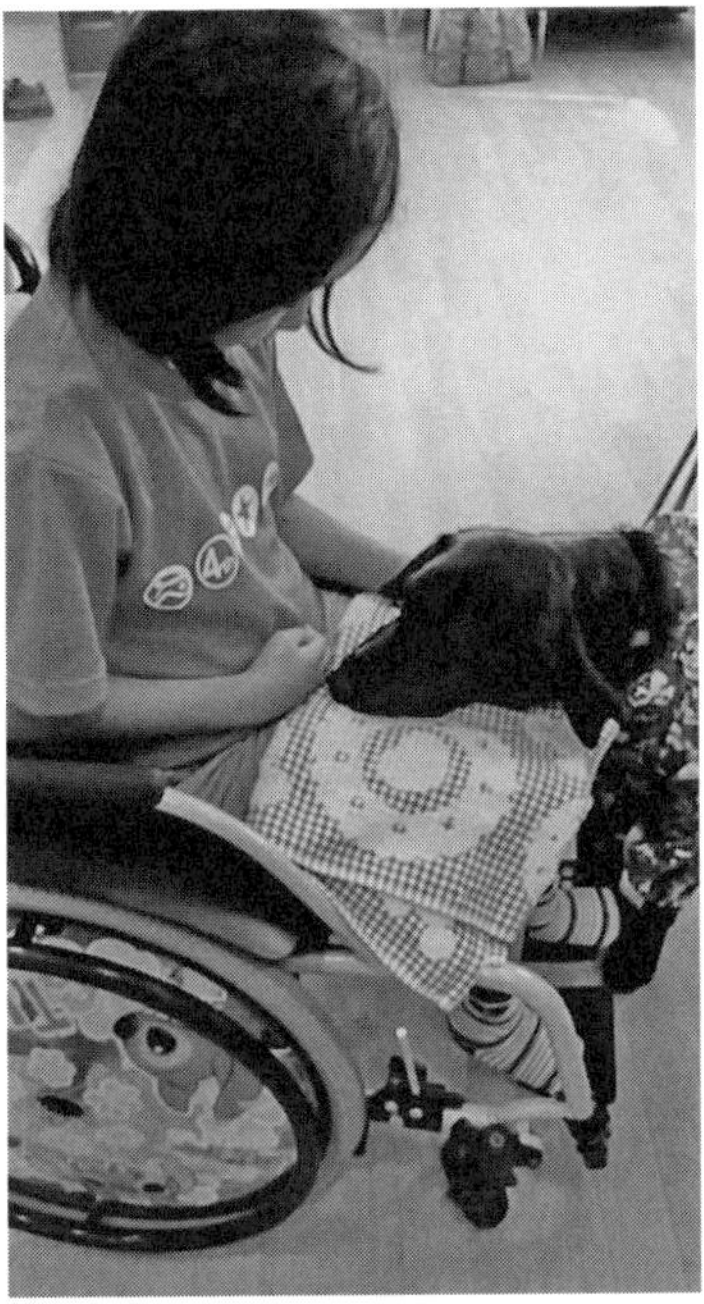

未来《みく》ちゃんのひざにあごをのせるジョン。ジョンの体温《たいおん》が、未来《みく》ちゃんに伝《つた》わる。

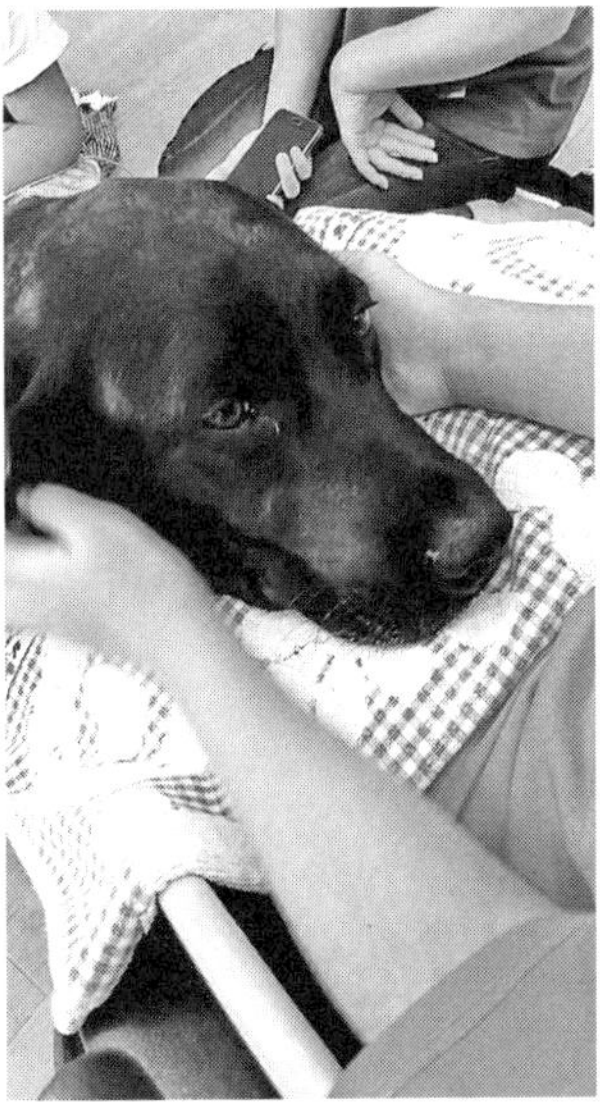

顔《がお》でがんばって、待《ま》っていてくれるよね」

未来《みく》ちゃんがいうと、お母《かあ》さんも「そうだよ！　未来《みく》が笑《わら》っていれば、トータもきっと、笑《わら》って待《ま》っていてくれるよ」とやさしく笑《わら》いかえしました。

ジョンが未来《みく》ちゃんのひざに顔《かお》をのせている間《あいだ》、みどりさんは何《なに》も話《はな》しかけてきませんでした。

周《まわ》りの子《こ》どもたちも話《はな》しかけてきませんでした。

そこはまるで、未来《みく》ちゃんとジョン、ふたりだけの世界《せかい》です。

未来《みく》ちゃんは、これまでの経験《けいけん》で、一度《いちど》入院《にゅういん》したら一《いっ》か月半《げっはん》は退院《たいいん》できないことを、知《し》っていました。とても長《なが》い時間《じかん》です。それをこれまで何度《なんど》もくり返《かえ》してきたのです。

今回《こんかい》も、あと一《いっ》か月間《げっかん》は入院《にゅういん》しなければなりません。

未来《みく》ちゃんは、あと何回《なんかい》ジョンに会《あ》えるだろうと考《かんが》えました。二週間《にしゅうかん》に一回《いっかい》だとすると、あと二回《にかい》は会《あ》えそうです。今《いま》までは、入院《にゅういん》している時間《じかん》がいやでしかたありませんでした。でも今回《こんかい》は、ジョンと会《あ》えれば笑顔《えがお》で乗《の》りこえられるぞ、と未来《みく》ちゃんは本気《ほんき》で思《おも》いました。

待《ま》ちに待《ま》った、二週間後《にしゅうかんご》の木曜日《もくようび》！

ところが、その日《ひ》の未来《みく》ちゃんは最悪《さいあく》な気分《きぶん》でした。体調《たいちょう》が悪《わる》く、病室《びょうしつ》から出《で》られなくなってしまったからです。プレイルームに行《い》くことができなければ、ジョンには会《あ》えません。この二週間《にしゅうかん》、ジョンと会《あ》うためにがんばってきたのに、なぜ、こんな目《め》にあうのか、未来《みく》ちゃんは、まくらにつっぷして泣《な》きたい気分《きぶん》でした。

時計《とけい》を見《み》ると、午後三時《ごごさんじ》。ジョンのセラピータイムは、とうに始《はじ》まっています。

「お母《かあ》さん……ジョン、もう来《き》てるよね……」

「そうだね……でも、しかたないね……。ジョンは、ここには来《こ》られないから……。ほかの子《こ》どもたちもジョンを待《ま》ってるからね……」

そうお母《かあ》さんがいったとき、とびらが開《あ》いて、みどりさんが顔《かお》を出《だ》しました。

そして、みどりさんがおしている大《おお》きなカートの中《なか》には……。

「ジョン！　ジョンだ！」

ちょこんとおすわりしているジョンのすがたがありました。

みどりさんは、ジョンが乗《の》ったカートをおして、未来《みく》ちゃんのベッ

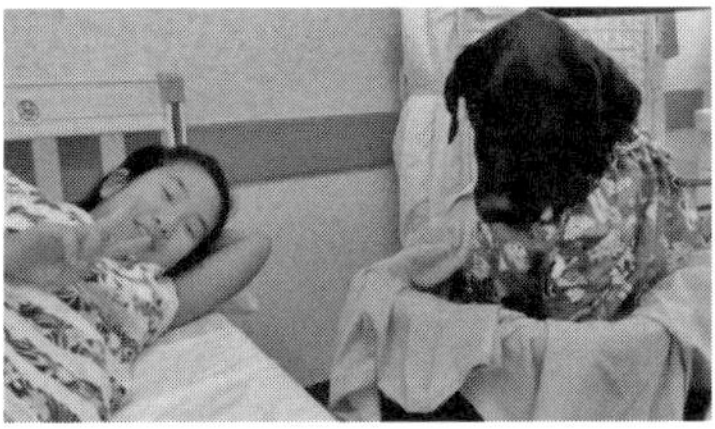

病室《びょうしつ》にいる未来《みく》ちゃんに、ジョンが「元気《げんき》になるお薬《くすり》」を持《も》っていった。

ドの横《よこ》に行《い》き、「未来《みく》ちゃん！　ジョンが、元気《げんき》になるお薬《くすり》を持《も》ってきたよ！」といいました。

未来《みく》ちゃんが病室《びょうしつ》から出《で》られないと知《し》ったみどりさんが、ジョンをカートに乗《の》せて、病室《びょうしつ》までおみまいに来《き》てくれたのです。

「ジョン！」

未来《みく》ちゃんは、ベッドにねたまま、ジョンに手《て》をのばしました。

病室《びょうしつ》なので、ジョンはカートからおりられません。でも、未来《みく》ちゃんは、まさかジョンが病室《びょうしつ》まで来《き》てくれるとは思《おも》っていなかったので、ジョンを見《み》るだけで、たちまち心《こころ》がぽかぽかです。

「ジョン、ありがとう！　うちのわんこのトータね、元気《げんき》にしてるって！　わたし、今日《きょう》もいっぱい、ジョンから心《こころ》がぽかぽかになるお薬《くすり》もらったから、早《はや》く退院《たいいん》して、ぽかぽかのお薬《くすり》をトータにも持《も》ってかえるんだ。そうしたら、トータもきっと、きっと元気《げんき》になれると思《おも》うから！」

「ジョンのお薬《くすり》」の効果《こうか》は絶大《ぜつだい》です！　その二週間後《にしゅうかんご》の木曜日《もくようび》、未来《みく》ちゃんは、病室《びょうしつ》を出《で》られるようになって、プレイルームまでやってきました。入院《にゅういん》してから一《いっ》か月半《げつはん》。退院《たいいん》の日《ひ》も近《ちか》づいています。

未来《みく》ちゃんは、ひざの上《うえ》にのっているジョンの頭《あたま》をなで、ジョンに「ありがとう」をいいました。

「ジョン！　ジョンのことは絶対《ぜったい》、絶対《ぜったい》わすれないよ。約束《やくそく》するよ！」

〝大好《だいす》きなジョン！　ありがとう！〟

未来《みく》ちゃんは、その後《ご》、退院《たいいん》。お母《かあ》さんといっしょに新幹線《しんかんせん》に乗《の》り、家《いえ》へと元気《げんき》に帰《かえ》っていきました。

未来《みく》ちゃんとお母《かあ》さんが心配《しんぱい》していた犬《いぬ》のトータは、思《おも》った以上《いじょう》に元気《げんき》で、お父《とう》さんといっしょに未来《みく》ちゃんを大《おお》よろこびで出《で》むかえてくれました。

〝ジョンが、ぽかぽかをここまで運《はこ》んでくれたんだなあ〟

未来《みく》ちゃんは、ジョンを思《おも》いだしながら、小《ちい》さなチワワのトータを思《おも》いきりだきしめました。

ジョンと空《そら》くん

未来《みく》ちゃんが退院《たいいん》した年《とし》の暮《く》れ、クリスマスを間近《まぢか》にひかえたこども病院《びょういん》のプレイルームで、みどりさんとジョンは、いつものように子《こ》どもたちとの時間《じかん》を楽《たの》しんでいました。

クリスマスのこども病院《びょういん》では、子《こ》どもたちのために、プレゼントやイベントが用意《ようい》されています。

みどりさんは、ジョンとふれあう子《こ》どもたちに「今年《ことし》のクリスマスは何《なに》がもらえるかな～？」と、なにげなく話《はな》しかけました。

すると、ジョンの背中《せなか》に頭《あたま》をのせていた男《おとこ》の子《こ》が「おもちゃもゲームもいらない！　病気《びょうき》が治《なお》る薬《くすり》がほしい！」といいました。

ジョンは、子《こ》どもたちに「元気《げんき》になるお薬《くすり》」をあげることはできますが、病気《びょうき》そのものを治《なお》す薬《くすり》をあげることはできません。

男《おとこ》の子《こ》は、みどりさんの顔《かお》を見《み》ずに、ジョンの顔《かお》を小《ちい》さな両手《りょうて》ではさんでいいました。

「あーあ……。ジョン、ジョンはぼくの病気《びょうき》を治《なお》せないの?」

子《こ》どもたちがいちばんほしいクリスマスプレゼントは、どんな大《だい》好《す》きな食《た》べものより、どんな大好《だいす》

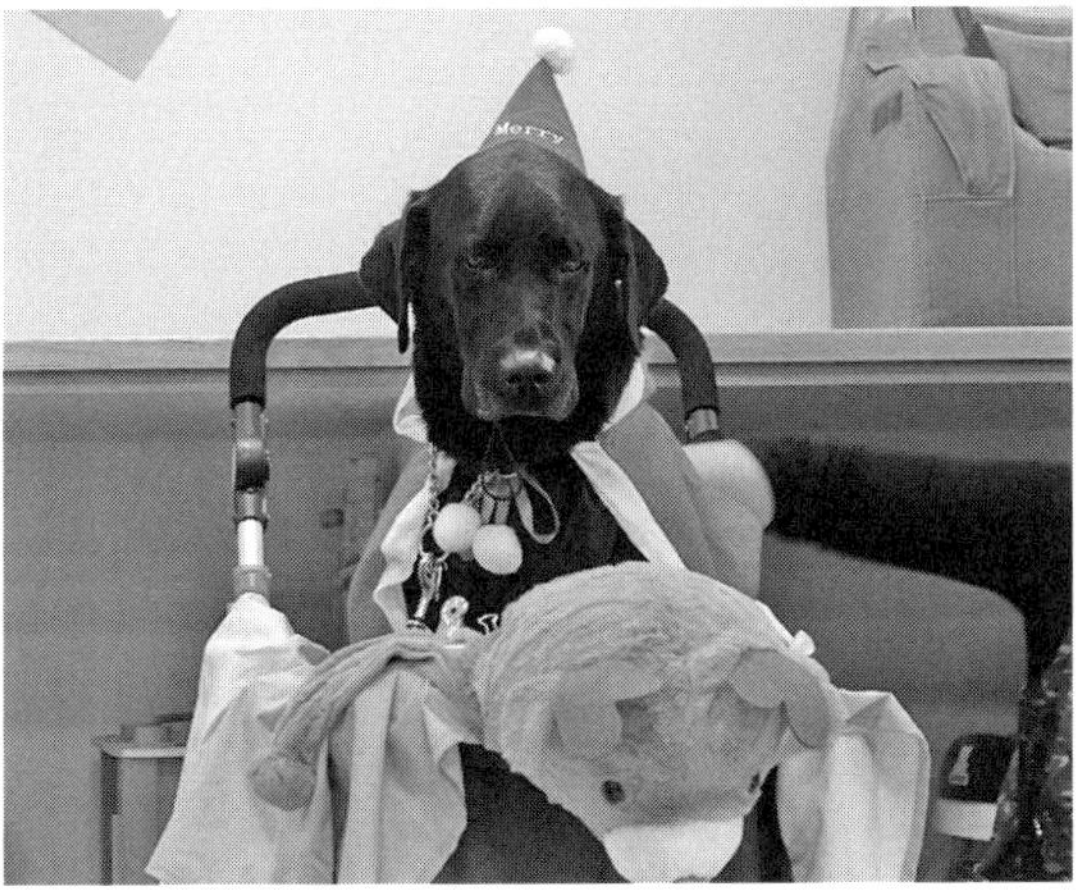

クリスマスの衣装《いしょう》を身《み》につけたジョン。

きなおもちゃより、友達《ともだち》と同《おな》じように走《はし》ったり、遊《あそ》んだりできる「元《げん》気《き》な体《からだ》」だったのです。

みどりさんは何《なに》もいえませんでした。

ジョンは、ときどきシッポをパタン、パタンとふって、子《こ》どもたちと話《はな》しているようです。どんなことを子《こ》どもたちに話《はな》しかけているのだろう、とみどりさんは思《おも》いました。

ジョンは何《なに》もいいませんが、ジョンになやみごとを話《はな》している子《こ》どもたちの顔《かお》は、どんどん笑顔《えがお》になっていきます。

ジョンが自分《じぶん》の悲《かな》しい気持《きも》ちをわかってくれる――。

ジョンはだまって、たくさん話《はなし》を聞《き》いてくれる――。

それだけで、いいのかもしれません。

今日《きょう》のセラピー活動《かつどう》も、無事《ぶじ》、まもなく終了《しゅうりょう》です。ジョンが立《た》ちあがると、子《こ》どもたちは「ジョン、またね！　ばいばーい！」といって、順番《じゅんばん》に家族《かぞく》と病室《びょうしつ》へともどっていきました。

プレイルームに来《く》るときと帰《かえ》るときの顔《かお》は、まるで別《べつ》の子《こ》どもです。

これこそが「ジョンのお薬《くすり》」だ！　みどりさんはそう思《おも》いました。


子《こ》どもたちがいなくなったのを見《み》とどけたみどりさんは、ふとプレイルームを見《み》わたしました。

すると、赤《あか》ちゃんをだっこしたお母《かあ》さんがやってきて「あの……少《すこ》しだけ……いいですか……？」といって、ねころがっていたジョンのとなりに赤《あか》ちゃんをねかせました。体《からだ》には酸素《さんそ》チューブがついていて、びっくりするほど小《ちい》さい赤《あか》ちゃんです。ジョンのとなりにねると、その小《ちい》ささがいっそう目立《めだ》ちます。

「はじめまして！　ジョンくん、ぼくは、空翔《そらと》！　一《いっ》さいと二《に》か月《げつ》です！」

赤《あか》ちゃんに代《か》わって、お母《かあ》さんがあいさつしました。

一《いっ》さいの赤《あか》ちゃんの体重《たいじゅう》は、ふつう九《きゅう》キログラムくらい。でも、空《そら》くんの大《おお》きさはその半分《はんぶん》もないように、みどりさんには見《み》えます。

「セラピー犬《けん》のジョンが来《く》るって、病院《びょういん》のチラシを見《み》て、今日《きょう》、はじめて来《き》たんです。空翔《そらと》が生《う》まれてから、この病院《びょういん》に何度《なんど》も入院《にゅういん》していたのに、今《いま》まで全然《ぜんぜん》知《し》らなくて……」

空《そら》くんママがみどりさんにいいました。とても笑顔《えがお》がすてきで、元《げん》気《き》なママです。

空《そら》くんは18トリソミーという病気《びょうき》を持《も》って生《う》まれてきました。

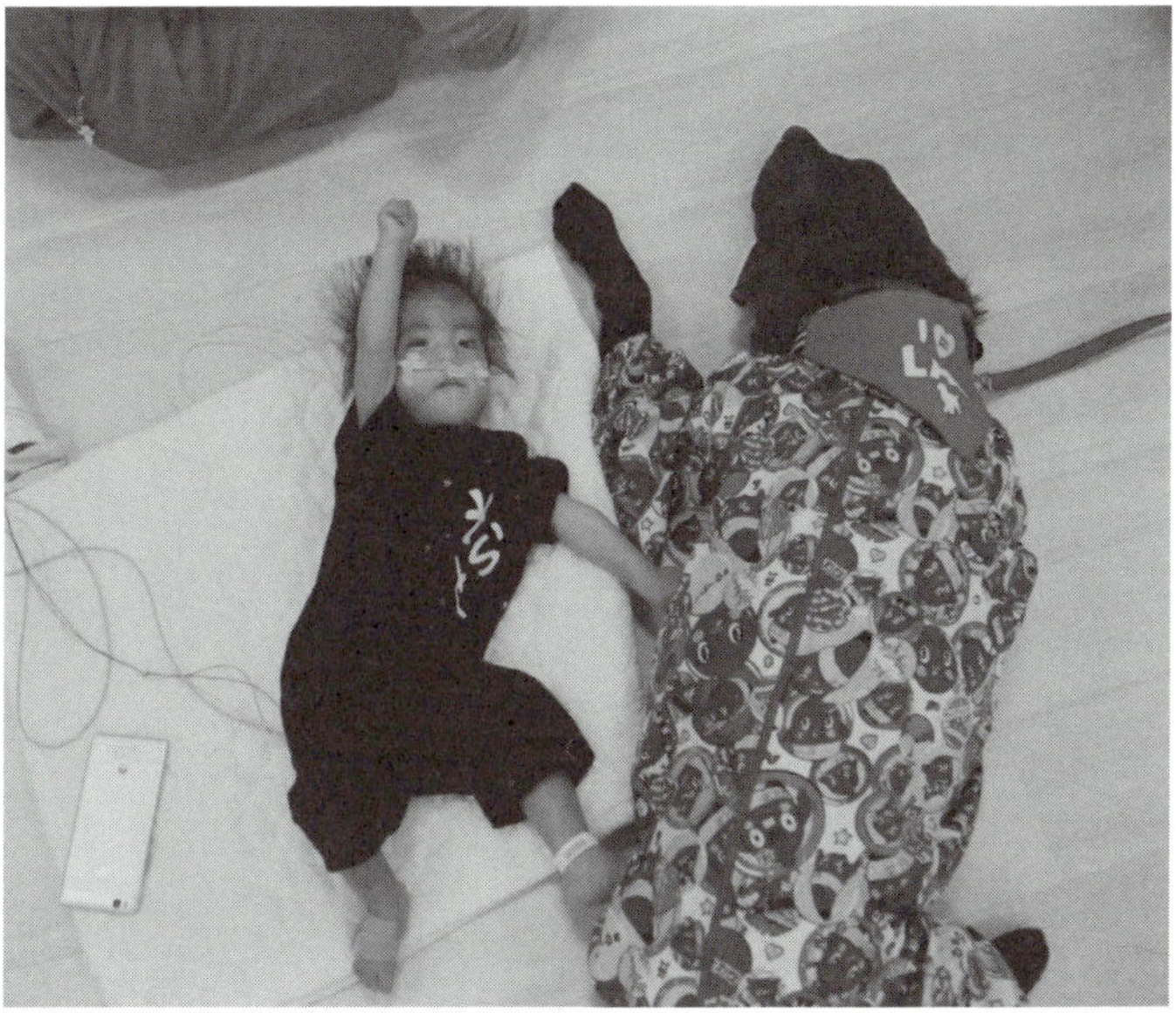

ジョンのとなりにねころぶ空《そら》くん。

18トリソミーとは、みんなとちがった体《からだ》の設計図《せっけいず》を持《も》って生《う》まれてくる病気《びょうき》のことです。

空《そら》くんは、生《う》まれたときからとても重《おも》い心臓病《しんぞうびょう》があります。これから大《おお》きくなっても、治《なお》ることはありません。起《お》きあがることも、歩《ある》くことも、自分《じぶん》の力《ちから》で食《た》べることも、しゃべることもできません。空《そら》くんが動《うご》かせるのは、頭《あたま》と手足《てあし》だけです。自分《じぶん》で息《いき》をすったりはいたりすることもできないため、酸素《さんそ》ボンベを持《も》ちはこんで、酸素《さんそ》チューブで息《いき》をします。一《いっ》さいまでに多《おお》くの子《こ》が死《し》んでしまう、とても重《おも》い病《びょう》気《き》です。

生《う》まれたときの体重《たいじゅう》は、わずか一《いち》・三《さん》キログラム。ふつうの赤《あか》ちゃんの三分《さんぶん》の一《いち》くらいの大《おお》きさだったので、特別《とくべつ》に治療《ちりょう》するための部屋で、六《ろっ》か月間《げつかん》をすごしました。

その後《ご》も、入院《にゅういん》と退院《たいいん》を何度《なんど》もくり返《かえ》しながら、なんとかがんばって一《いっ》さいをむかえることができました。命《いのち》のきけんがある病気《びょうき》のため、空《そら》くんママは、ほとんどつきっきりで病室《びょうしつ》から出《で》られず、プレイルームでのジョンのセラピー活動《かつどう》に気《き》づかなかったといいます。

みどりさんは、大《おお》きなジョンのとなりにねているあまりにも小《ち》さな空《そら》くんを見《み》て「どうしよう！」と思《おも》いました。もし、ジョンがごろんとねがえりでも打《う》ったら、空《そら》くんはおしつぶされてしまいます。空《そら》くんの体《からだ》は、それほど小《ち》さかったのです。

でも、空《そら》くんママはまったく心配《しんぱい》していない様子《ようす》。

空《そら》くんは、手足《てあし》を動《うご》かしながら、ジョンの体《からだ》をまさぐっています。

一《いっ》さいの空《そら》くんは、犬《いぬ》に会《あ》うのははじめてで、ジョンがなんなのか、まだ何《なに》もわかっていません。

それを見《み》ながら、空《そら》くんママが、スマートフォンで写真《しゃしん》をとります。

何度《なんど》も、何度《なんど》も、シャッターを切《き》っています。

「わたし、犬《いぬ》が大好《だいす》きなんです。ジョンくん、空翔《そらと》が生《う》まれてはじめて会《あ》ったわんこ。すごく、かわいい」

空《そら》くんママはみどりさんにいいました。

「この子《こ》はこれからも、歩《ある》くことも、話《はな》すことも、自分《じぶん》でごはんを食《た》べることもできません。それに、何《なん》さいまで生《い》きることができるのかもわかりません。ふつうの子《こ》のようには生《い》きられないかもしれませんが、生《う》まれてきて、はじめて顔《かお》を見《み》たときには本当《ほんとう》にかわいかった！　生《う》まれてきてくれてうれしかった！　いっしょにがんばって生《い》きていこうねって、空翔《そらと》に約束《やくそく》したんです……」

みどりさんは、何《なに》もいわず、だまって空《そら》くんママの話《はなし》を聞《き》いていました。

「……あの……、空翔《そらと》をだっこしてくれませんか？」

空《そら》くんママが、空《そら》くんをみどりさんの胸元《むなもと》に差《さ》しだしました。

みどりさんは、とっさに両手《りょうて》を広《ひろ》げて、おそるおそる小《ちい》さな空《そら》くんを受《う》けとり、胸《むね》の中《なか》で大切《たいせつ》にだっこしました。

「……かわいい……。空《そら》くん、はじめまして。ジョンのお母《かあ》さんのみどりです！」

「空翔《そらと》は、ほかの子《こ》みたいに長生《ながい》きできないから……。あとどれだけだっこしてあげられるかなあ……。だから……、たくさんの人《ひと》にだっこして、かわいがってもらいたい……。ほかの子《こ》に負《ま》けないくらい、たくさんだっこしてあげたいんです。今日《きょう》は、ジョンくんといっしょにねっころがることができたし、みどりさんにだっこしてもらえて、またひとついい思《おも》い出《で》ができました。ジョンくんと空翔《そらと》の写真《しゃしん》、宝物《たからもの》にしますね」

空《そら》くんママは、このうえなくやさしい笑顔《えがお》をうかべて、みどりさんから空《そら》くんを、そっと受《う》けとりました。

その後《ご》も、空《そら》くんと空《そら》くんママは、ジョンに会《あ》いに、何度《なんど》もプレイルームにやってきました。

いつも来《く》るので、みどりさんは、空《そら》くんがずっと入院《にゅういん》しているのだと思《おも》っていたのですが、そうではないようです。

空《そら》くんが入院《にゅういん》するのは月《つき》に一回《いっかい》ほど。空《そら》くんママは、ジョンがセラピーに来《く》る日《ひ》をねらって、その間《あいだ》に入院《にゅういん》できるよう先生《せんせい》にお願《ねが》いしていた、というのです。

ほかの子《こ》どもにくらべてうんと小《ちい》さい空《そら》くんですが、少《すこ》しずつ、体《からだ》も大《おお》きくなっています。

「ジョン、こんにちは！　今日《きょう》も空翔《そらと》と仲良《なかよ》くしてね！」

空《そら》くんママは、いつものように空《そら》くんをジョンのとなりにねかせました。空《そら》くんは、ジョンの足《あし》やおなかに手《て》をのばし、毛《け》をつかんでいます。もう何度《なんど》も会《あ》っているため、ジョンのことがよくわかっているのでしょう。

ジョンは空《そら》くんにされるがまま……。いつものとおり、それが当《あ》たり前《まえ》のように、じっと目《め》をとじ、のんびりしています。

みどりさんの中《なか》に、もう不安《ふあん》はありません。ジョンはすべてをわかっていて、目《め》の前《まえ》の子《こ》どもに合《あ》った行動《こうどう》を、自分自身《じぶんじしん》でとることができる犬《いぬ》なのです。

「そうそう！　今日《きょう》、すっごいジョンくん効果《こうか》があったんです」

空《そら》くんママがこうふん気味《ぎみ》に、みどりさんにいいました。

「今日《きょう》、お昼《ひる》ごはんのあと、酸素濃度《さんそのうど》をはかったら、すっごく低《ひく》くなっていて、あわてて看護師《かんごし》さんをよびに行《い》ったんです」

酸素濃度《さんそのうど》とは、体《からだ》に取《と》りいれている酸素《さんそ》の量《りょう》のことです。健康《けんこう》な人《ひと》の酸素濃度《さんそのうど》は95パーセントから99パーセント。ところが、その日《ひ》の朝《あさ》の空《そら》くんの酸素濃度《さんそのうど》は70パーセント。いつ何《なに》があってもおかしくない、命《いのち》のきけんがある数字《すうじ》でした。

「それからしばらく様子《ようす》を見《み》て、『今日《きょう》、ジョンに会《あ》えるよ！』っていったら、空翔《そらと》がぱっと目《め》を覚《さ》ましたんですね。で、『ジョンくんだよ！』っていったら、なんと、酸素濃度《さんそのうど》が90パーセント以上《いじょう》に回復《かいふく》したんです！　これって、すごすぎます！」

その話《はなし》を聞《き》いたみどりさんは、クリスマス前《まえ》のイベントで、男《おとこ》の子《こ》が「あーあ、ジョンは病気《びょうき》を治《なお》せないの？」と悲《かな》しそうにいったことを思《おも》いだしていました。

空《そら》くんママの話《はなし》を聞《き》いて、もしかしたら、ジョンには病気《びょうき》をも治療《ちりょう》できる力《ちから》があるのかもしれない、本気《ほんき》でそう思《おも》ったのです。

空《そら》くんはというと、今度《こんど》はジョンの体《からだ》の上《うえ》にのって、とても楽《たの》しそうにしています。

ジョンと遊《あそ》んだ夜《よる》には、とてもすやすやよくねてくれるといいます。

最初《さいしょ》は空《そら》くんのあまりの小《ちい》ささに不安《ふあん》がいっぱいだったみどりさんですが、空《そら》くんママには、ジョンがどんな犬《いぬ》なのか、はじめからわかっていたのかもしれません。

みどりさんは、空《そら》くんママに聞《き》きました。

「あんなに小《ちい》さかった赤《あか》ちゃんの空《そら》くんを、何倍《なんばい》もの重《おも》さがあるジョンのとなりにねかせて、平気《へいき》だった？　わたしは、すっごく心配《しんぱい》だったの」

「ううん、全然《ぜんぜん》心配《しんぱい》じゃなかったなあ……」

「わたしは、ジョンがおしつぶしちゃったらどうしようって、こわくてしかたなかった」

みどりさんが、笑《わら》って、じょうだんっぽくいいました。

すると、空《そら》くんママは、ふとまじめな顔《かお》になって、ジョンをなでながらいいました。

「……空翔《そらと》が生《う》まれてから、どうしてもやりたかったことがあるんで

ジョンと空《そら》くんが
出会《であ》ったころ。

プレイルームでいつも
いっしょにすごした、ジョ
ンと空《そら》くんと空《そら》くんママ。

す。それは、できるだけ多《おお》くの人《ひと》にだっこしてもらうこと！　散歩《さんぽ》の途中《とちゅう》で会《あ》った人《ひと》、道《みち》ばたで会《あ》った人《ひと》。みんな知《し》らない人《ひと》だけど、この人《ひと》なら空翔《そらと》をよろこんでだっこしてくれるって、わかるんですよ」

「どうして……？」

みどりさんが聞《き》くと、空《そら》くんママがどうどうといいました。

「だって、わたしはお母《かあ》さんだから。お母《かあ》さんだから、だれが空翔《そらと》の味方《みかた》なのか、わかるんです。ジョンも絶対大丈夫《ぜったいだいじょうぶ》って、わかってた！」

みどりさんはその言葉《ことば》を聞《き》いて、本当《ほんとう》にそのとおりだと思《おも》いました。

空《そら》くん家族《かぞく》とすっかり仲良《なかよ》くなった、みどりさんとジョン。

その後《ご》も、空《そら》くんとジョンの時間《じかん》は、二週間《にしゅうかん》ごとに続《つづ》きました。しかし、ジョンが七《なな》さいになった春《はる》を最後《さいご》に、ジョンとみどりさんは、こども病院《びょういん》への訪問《ほうもん》を終《お》えることになりました。ジョンがシニア犬《けん》になり、体力的《たいりょくてき》に、毎週《まいしゅう》の訪問《ほうもん》が負担《ふたん》になってきたからです。

ジョンがこども病院《びょういん》をおとずれた回数《かいすう》は、これまでの約三年間《やくさんねんかん》で百十八回《ひゃくじゅうはちかい》、ふれあった子《こ》どもたちは数《かぞ》えきれないほどです。

最後《さいご》の日《ひ》、みどりさんは、空《そら》くんが来《き》てくれないか、ずっと待《ま》っていました。でも、空《そら》くんと空《そら》くんママがプレイルームにやってくることは、ありませんでした。

入院《にゅういん》していれば必《かなら》ず会《あ》いに来《き》てくれるはずなので、退院《たいいん》して自宅《じたく》にいるのかもしれません。

それとも、具合《ぐあい》が悪《わる》くて病室《びょうしつ》から出《で》られないのでしょうか？

そうだとしても、空《そら》くんママだけでも、ジョンに会《あ》いに来《く》るはずなのに……。

いろいろ考《かんが》えているうちに、みどりさんの頭《あたま》に、ふと、大《おお》きな黒《くろ》い雲《くも》のような不安《ふあん》が広《ひろ》がりました。

〝18トリソミーの子《こ》は長《なが》く生《い》きることができない……〟

みどりさんは、頭《あたま》をふって、その考《かんが》えを心《こころ》の中《なか》から追《お》いだしました。

〝きっとまた会《あ》えるはず――〟

そう信《しん》じることにして、みどりさんは、子《こ》どもたちとの最後《さいご》のセラピー活動《かつどう》を楽《たの》しむことにしました。

その日《ひ》も、たくさんの子《こ》どもたちがジョンのとなりにねころがったり、ジョンの耳《みみ》をさわったり、いつものおだやかな光景《こうけい》がみどりさんの目《め》の前《まえ》に広《ひろ》がっていました。

ジョンは、もう二度《にど》と、ここで出会《であ》った子《こ》どもたちに会《あ》うことはないかもしれません。

それでも、ジョンから「元気《げんき》になるお薬《くすり》」をもらった思《おも》い出《で》は、子《こ》どもたちの大切《たいせつ》な宝物《たからもの》として、これからもずっと、ずっと残《のこ》っていくでしょう。

そして、いつか大人《おとな》になったときには、犬《いぬ》という生《い》きものを愛《あい》し、大切《たいせつ》にし、犬《いぬ》たちの強《つよ》い味方《みかた》になってくれるかもしれません。

それは、人間《にんげん》にすてられた多《おお》くの犬《いぬ》を見《み》てきたみどりさんの願《ねが》いでもありました。

一度《いちど》も事故《じこ》や問題《もんだい》がなく、大成功《だいせいこう》で終《お》わった、約三年間《やくさんねんかん》のセラピー活動《かつどう》。

子《こ》どもたちが病室《びょうしつ》に帰《かえ》ったあとの静《しず》かなプレイルームで、みどりさんは、これまでのできごとをひとつずつ思《おも》いだしていました。

「そろそろ帰《かえ》らなくちゃ……。ジョン！　アップ（立《た》って）」

そういいながらも、みどりさんは、空《そら》くんママが今《いま》にもやってくるのでは、としばらくその場《ば》に立《た》っていました。でも、とうとう空《そら》くんママがプレイルームにやってくることはありませんでした。

ジョン！　また会《あ》えたね！

みどりさんとジョンが、こども病院《びょういん》でのセラピー活動《かつどう》を終《お》えてから一年半《いちねんはん》がすぎました。

ジョンは、まもなく九《きゅう》さい。大型犬《おおがたけん》ですから、すでにシニア犬《けん》です。もう、以前《いぜん》のように毎週《まいしゅう》お仕事《しごと》に出《で》かけることはできませんが、まだまだ元気《げんき》。

みどりさんは、シニアになったジョンの健康《けんこう》に気《き》をつけながら、無《む》理《り》のないはんいで活動《かつどう》を続《つづ》けることにしていたのでした。

ときどき、障《しょう》がい者《しゃ》しせつに、ジョンを連《つ》れてセラピー活動《かつどう》に行《い》っています。

ジョンは、障《しょう》がい者《しゃ》しせつでのふれあいもお手《て》のもの。ジョンをなでると、みんなたちまち笑顔《えがお》になっていくのです。


そんな、ある日《ひ》のこと――。

おとずれた障《しょう》がい者《しゃ》しせつで、みどりさんはとつぜん、知《し》らない人《ひと》から「もしかして、ジョンくん？」と声《こえ》をかけられました。

おどろいてその人《ひと》を見《み》ると、その人《ひと》は特別支援学校《とくべつしえんがっこう》の先生《せんせい》で、空《そら》くんママの知《し》りあいなのだといいます。

「空《そら》くんママから、これまでずーっと、ジョンくんのことばっかり、何度《なんど》も、何度《なんど》も聞《き》いていました。黒《くろ》いラブラドールのセラピー犬《けん》！もしかして、と思《おも》ったら、やっぱりジョンくんだ！」

今日《きょう》は、この障《しょう》がい者《しゃ》しせつに見学《けんがく》にやってきたといいます。

「空《そら》くん、元気《げんき》ですよ！」

先生《せんせい》が、ジョンをなでながら、うれしそうにいいました。

なんという、ぐうぜんでしょう――。

空《そら》くんママの知《し》りあいにぐうぜん会《あ》えて、空《そら》くんが元気《げんき》だと知《し》り、みどりさんは、うれしくてしかたありませんでした。きっとまた空《そら》くんに会《あ》える――。そんな気《き》持《も》ちになったのです。

ふとジョンを見《み》ると、少《すこ》しつかれた様子《ようす》です。

先生《せんせい》と話《はなし》をしていたみどりさんは「ジョン！　今日《きょう》はお仕事《しごと》がんばったから、明日《あす》、大好《だいす》きな海浜公園《かいひんこうえん》に行《い》こう」と、ジョンにいいました。

それを聞《き》いた先生《せんせい》が「今《いま》はコキアがきれいな時期《じき》ね」と笑《わら》いながら
「……ジョン、空《そら》くんにまた会《あ》えるといいねえ」とジョンにいとしそうに話《はな》しかけました。

そして「うふふ……」と何《なに》か楽《たの》しいことでも思《おも》いついたかのように、みどりさんとジョンを見《み》たのでした。


翌日《よくじつ》の午後《ごご》、みどりさんはジョンを連《つ》れて、車《くるま》で三十分《さんじっぷん》ほどはなれた近《ちか》くの海浜公園《かいひんこうえん》に出《で》かけていきました。

季節《きせつ》はすっかり秋《あき》――。散歩《さんぽ》には最適《さいてき》な季節《きせつ》でした。

春《はる》にはネモフィラやバラ、さまざまな花《はな》がさきみだれる公園《こうえん》を、秋《あき》真《ま》っさかりの真《ま》っ赤《か》なコキアがうめつくしていました。

「うわー！　ジョン、すっごくきれいだね。もっとよく見《み》えるところに行《い》こう」

そういうと、みどりさんは、ジョンを連《つ》れていつもの見晴《みは》らしのいいおかに向《む》かいました。高台《たかだい》のおかからは公園《こうえん》が一望《いちぼう》できます！真《ま》っ赤《か》なコキアが、じゅうたんのように広《ひろ》がっているのが見《み》えます。天気《てんき》もよく、気持《きも》ちいい海風《うみかぜ》がふいてきます。

ジョンも鼻《はな》をクンクン鳴《な》らし、昨日《きのう》のセラピーのつかれはどこへやら、元気《げんき》いっぱいごきげんです。

みどりさんもごきげんになって、しばらくそこで、コキアをながめていました。

公園《こうえん》を散歩《さんぽ》するジョンとみどりさん。

すると、バギーをおした女《おんな》の人《ひと》が、こちらに向《む》かって歩《ある》いてくるのが見《み》えました。バギーとは医療用《いりょうよう》の車《くるま》いすのことです。

それを見《み》たジョンは、とつぜん立《た》ちあがり、シッポをパタン、パタンとふって、みどりさんをふり返《かえ》りました。そのすがたが近《ちか》づくほどに、ジョンのシッポのゆれもはげしくなっていきます。

「ジョンくん？」

そうよばれて、ようやくみどりさんは、はっとしました。

「空《そら》くんママ？」

バギーに乗《の》っていたのは空《そら》くんです。

みどりさんは、おどろきとうれしさとで、しばらく何《なに》もいえずに空《そら》くんを見《み》つめていました。

もう会《あ》えないと思《おも》っていた空《そら》くんが、四《よん》さいになっていました。

空《そら》くんママは、あのときと同《おな》じように笑顔《えがお》がとてもすてきで、元気《げんき》に見《み》えます。

「昨日《きのう》、先生《せんせい》と会《あ》ったんですよね？　先生《せんせい》がジョンと会《あ》ったってすっごくよろこんでました。今日《きょう》、海浜公園《かいひんこうえん》でお散歩《さんぽ》するって聞《き》いて、運《うん》がよければ会《あ》えるかなと思《おも》ったら……会《あ》えた！」

みどりさんは、うれしくてなみだが出《で》そうになりました。

空《そら》くんにさよならもいえず、こども病院《びょういん》をあとにしたことが、ずっと気《き》がかりでしかたなかったのです。

「神様《かみさま》って、いるんだね！　知《し》りあいの先生《せんせい》にぐうぜん会《あ》えたことや、今日《きょう》ここで空《そら》くんに会《あ》えたこと。神様《かみさま》が、会《あ》わせてくれたんだね」

「うん！　また絶対《ぜったい》に会《あ》えると思《おも》ってた！」

「空《そら》くん、大《おお》きくなったねえ……」

みどりさんは、少《すこ》し大《おお》きくなった空《そら》くんをしみじみと見《み》ました。

ジョンは、空《そら》くんのバギーに近《ちか》づいて、うれしくてたまらないのか、ブンブンとシッポをふりました。

ジョンも空《そら》くんのことを、決《けっ》してわすれてはいなかったのです。

「ジョン……。少《すこ》し、お顔《かお》の毛《け》が白《しろ》くなったなあ……」

空《そら》くんママは、ジョンをだきしめたまま、しばらくはなれようとはしませんでした。ジョンに会《あ》えたことが、うれしくてしかたがなかったのでしょう。

「空翔《そらと》のだっこ、みどりさんにもお願《ねが》いしたけど、ほかにもたくさんの人《ひと》にお願《ねが》いしているんです。散歩《さんぽ》で会《あ》った人《ひと》、病院《びょういん》で会《あ》った人《ひと》、旅行先《りょこうさき》で出会《であ》った人《ひと》……。これまでで、五百人《ごひゃくにん》くらいの人《ひと》にだっこしてもらえたんじゃないかなあ……。みんなすっごくよろこんで空翔《そらと》を

空《そら》くんをだっこするみどりさん。病院《びょういん》ではじめてだっこしたときよりも、体《からだ》が大《おお》きくなっていた。

だっこしてくれる。これからも、いろんな人《ひと》にたくさん、たくさんだっこしてもらいたい……」

空《そら》くんママは、どんな思《おも》いで、おおぜいの見知《みし》らぬ人《ひと》に、だっこをお願《ねが》いしているのでしょうか――。

みどりさんは、何《なに》もいわずただだまって、ジョンをなでる空《そら》くんママの言葉《ことば》を受《う》けとめていたのでした。

その後《ご》もジョンと空《そら》くんは、海浜公園《かいひんこうえん》でときどきいっしょに散歩《さんぽ》を楽《たの》しみました。

空《そら》くんとこども病院《びょういん》で出会《であ》ってから早六年《はやろくねん》がすぎ、空《そら》くんは七《なな》さい、ジョンは十一《じゅういっ》さいになっていました。

ジョンと空《そら》くんの約束《やくそく》

すっかりおじいちゃん犬《けん》になったジョン。

それでも、みどりさんは、ジョンの体《からだ》の様子《ようす》を見《み》ながら、のんびりゆっくりとセラピー活動《かつどう》を続《つづ》けていました。

その日《ひ》は、図書館《としょかん》で年《ねん》に一度《いちど》の「ジョンといっしょに絵本《えほん》」の日《ひ》。

みどりさんがジョンを連《つ》れて図書館《としょかん》に行《い》き、子《こ》どもたちに絵本《えほん》を読《よ》み聞《き》かせるボランティアです。

図書館《としょかん》でのイベントは、昨年《さくねん》に続《つづ》き、二回目《にかいめ》です。

昨年《さくねん》は、空《そら》くんも、ジョンに会《あ》うために来《き》てくれました。

今年《ことし》も元気《げんき》にすがたを見《み》せてくれるといいな——。

みどりさんは今《いま》か、今《いま》かと待《ま》っていましたが、空《そら》くんママのすがたは見《み》えないまま、読《よ》み聞《き》かせの時間《じかん》が始《はじ》まりました。ジョンはみどりさんのとなりで、じっとねそべっています。

半分《はんぶん》ほど絵本《えほん》を読《よ》みすすめたとき、ドアが開《ひら》いて、見《み》なれたバギーが部屋《へや》に入《はい》ってきました。

空《そら》くんです。元気《げんき》です！　今年《ことし》も来《き》てくれました！

みどりさんは、うれしくなって、いっそう力《ちから》をこめて絵本《えほん》を読《よ》みつづけました。絵本《えほん》を読《よ》む声《こえ》が心地《ここち》いいのか、ジョンはみどりさんの足元《あしもと》でおとなしくふせをして、とてもリラックスしています。

お話《はなし》の時間《じかん》が終《お》わると、ジョンと子《こ》どもたちとのふれあいタイム。

「ジョン！」

そういうと、ジョンがぱっと目《め》を開《あ》けて頭《あたま》を上《あ》げ、シッポをパタン、パタンとふりました。

子《こ》どもたちが、思《おも》い思《おも》いにジョンをなでてふれあいます。

ほかの子《こ》どもたちとジョンのふれあいタイムが終《お》わったのを見《み》て、空《そら》くんママが空《そら》くんを、ジョンのとなりにそっとねかせました。

七《なな》さいの空《そら》くんの体重《たいじゅう》は約九《やくきゅう》キログラム。ジョンの重《おも》さの三分《さんぶん》の一《いち》ほどまで成長《せいちょう》しましたが、空《そら》くんの太《ふと》ももは、まだジョンの手足《てあし》より細《ほそ》いです。

それでも、わずか一《いち》キログラムほどで生《う》まれた空《そら》くんを、赤《あか》ちゃんのときから見《み》ていたみどりさんは、会《あ》うたびに大《おお》きくなる空《そら》くんに「命《いのち》って、すごいなあ……」と胸《むね》がいっぱいになりました。

空《そら》くんは、となりでごろんとねているジョンの耳《みみ》を引《ひ》っぱったり毛《け》をつまんだり、楽《たの》しそうです。今《いま》では、空《そら》くんにとってジョンはなくてはならない友達《ともだち》です。

「この時間《じかん》が大好《だいす》き！」

空《そら》くんママがみどりさんにいいました。

ジョンと空《そら》くんが遊《あそ》んでいるすがたを見《み》ているだけで、空《そら》くんママは、とても幸《しあわ》せな気持《きも》ちになれるのです。

みどりさんも、ずっといっしょにいてあげたいと思《おも》いましたが、それだけはどうしてもできません。

日《ひ》が西《にし》にかたむき、図書館《としょかん》から帰《かえ》る時間《じかん》がやってくると、みどりさんは「ジョン、アップ！（立《た》って！）」といいました。

そして、ジョンがすっと立《た》ちあがり、みどりさんのそばに行《い》こうと空《そら》くんからはなれたそのとき……。

空《そら》くんが、手《て》をのばして、ジョンのリードをしっかりとつかんだの

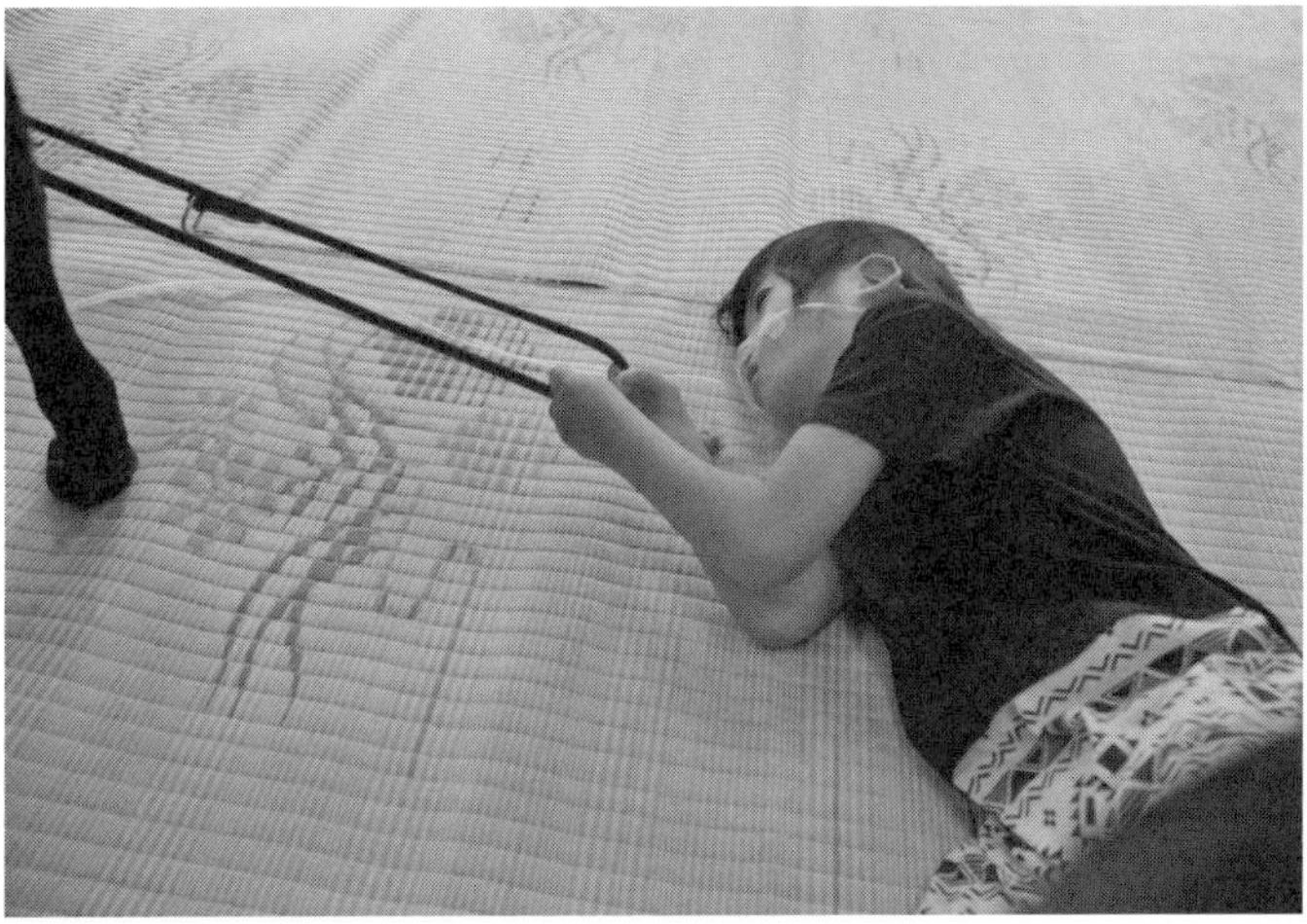

ジョンのリードをはじめてつかんだ空《そら》くん。ジョンと空《そら》くんだけの静《しず》かな時間《じかん》がすぎていく。

です。

それは、だれの目《め》にも「行《い》かないで！　ジョン！」といっているように見《み》えます。

こんなことは、これまで一度《いちど》もありませんでした。それに、空《そら》くんが手《て》をのばしてリードをつかむことができるなどと、だれも思《おも》っていませんでした。

ジョンも、それ以上歩《いじょうある》こうとはせず、立《た》ちどまってじっと空《そら》くんを見《み》ています。

みどりさんも空《そら》くんママも、ただびっくりして、何《なに》もいわずにそのすがたを見《み》ていました。

それは、不思議《ふしぎ》な時間《じかん》でした。

空《そら》くんママも、みどりさんも、だれも考《かんが》えたこともなかった「ジョンと空《そら》くん」のふたりだけの時間《じかん》――。静《しず》まりかえった図書館《としょかん》で、その時間《じかん》はどれくらい続《つづ》いたのでしょう。

やがて、空《そら》くんの手《て》がジョンのリードからするりとぬけると、それを見《み》たジョンが、ゆっくりとみどりさんのもとへやってきました。

空《そら》くんママは、そっと空《そら》くんをだきかかえ、バギーに乗《の》せて「ジョン！　またね！　また海浜公園《かいひんこうえん》で会《あ》おうね！」と手《て》をふりました。

みどりさんは、空《そら》くんがはなしたジョンのリードをしっかりとにぎりしめ「うん！　またね！」といって、出口《でぐち》に向《む》かって歩《ある》きだしました。

みどりさん、空《そら》くんママ、ふたりはおたがい、何度《なんど》もくり返《かえ》しいいました。

〝また会《あ》おうね！　ジョン！〟

〝また会《あ》おうね！　空《そら》くん！〟

宝物《たからもの》を、ありがとう！

空《そら》くんが図書館《としょかん》でジョンのリードをにぎった日《ひ》から、半年《はんとし》ほどがすぎ、新《あたら》しい年《とし》が始《はじ》まりました。

みどりさんのもとには、今年《ことし》も、こども病院《びょういん》で出会《であ》った未来《みく》ちゃんからの年賀状《ねんがじょう》がとどいています。

毎年《まいとし》とどく年賀状《ねんがじょう》は、みどりさんの大切《たいせつ》な宝物《たからもの》です。

ジョンと未来《みく》ちゃんが病院《びょういん》で会《あ》ったのは、たったの三回《さんかい》。

ジョンは、小学生《しょうがくせい》だった未来《みく》ちゃんにとって、わすれることができないほど大《おお》きな勇気《ゆうき》をくれた犬《いぬ》だったのでしょう。

年賀状《ねんがじょう》を読《よ》みながら、みどりさんは、空《そら》くんにも会《あ》いたいと思《おも》いました。でも、海浜公園《かいひんこうえん》での空《そら》くんとの散歩《さんぽ》は、あたたかな季節《きせつ》になるまで無理《むり》そうです。

公園一面《こうえんいちめん》にさく春《はる》のネモフィラの花《はな》と空《そら》くんを思《おも》いうかべて、みどりさんは、となりにいたジョンに年賀状《ねんがじょう》を見《み》せながらいいました。

「ジョン、未来《みく》ちゃんすっごく元気《げんき》にしてるって！　それから、あたたかくなったら、空《そら》くんといっしょに海浜公園《かいひんこうえん》で散歩《さんぽ》しようね」

ジョンはというと、ねむそうにゆかにふせたまま知《し》らん顔《かお》をしています。まもなく十二《じゅうに》さい。少《すこ》し耳《みみ》が遠《とお》くなってきたのかもしれません。

「ジョン。空《そら》くんと『またね！』って約束《やくそく》したんだから、元気《げんき》に会《あ》いに行《い》かなきゃね！」

〝空《そら》くん、また会《あ》おうね！〟

当《あ》たり前《まえ》のようにかわしていた言葉《ことば》ですが、ジョンと空《そら》くんの「またね」の約束《やくそく》がかなうことはありませんでした。

その年《とし》の三月《さんがつ》二十八日《にじゅうはちにち》夜《よる》――。

七《なな》さいの空《そら》くんは、ママにだっこされたまま、あまりにもとつぜん、天国《てんごく》にお引《ひ》っこししてしまったのです。

ジョンと春《はる》のネモフィラの花《はな》を見《み》にいく「またね！」の約束《やくそく》は、キャンセルです。

みどりさんは、空《そら》くんママから電話《でんわ》を受《う》けて、急《いそ》いで自宅《じたく》へとかけつけました。

「……また大《おお》きくなったね。空《そら》くん……」

ねむっているような空《そら》くんを見《み》て、みどりさんが、ぽつんといいました。

空《そら》くんママが、数冊《すうさつ》のアルバムを出《だ》して、みどりさんの前《まえ》に差《さ》しだしました。

アルバムを開《ひら》くとそこには……、おじいさん、おばあさん、女《おんな》の人《ひと》、男《おとこ》の人《ひと》、おおぜいのいろんな人《ひと》たちにだっこされた空《そら》くんのすがたがありました。ほとんどが、はじめて出会《であ》った知《し》らない人《ひと》ばかりだといいます。

「空翔《そらと》は……たった七年間《ななねんかん》で百回《ひゃっかい》も入院《にゅういん》したんです……。その分《ぶん》、たくさんの人《ひと》にだっこしてもらいたかった……」

ページをめくると、つぎつぎと、だっこされた空《そら》くんのすがたが出《で》てきます。

「全部《ぜんぶ》で……六百人《ろっぴゃくにん》……」

空《そら》くんママが、なみだでくしゃくしゃになった顔《かお》でみどりさんを見《み》ました。

空《そら》くんは、生《う》まれてから七《なな》さいまでに、六百人《ろっぴゃくにん》もの人《ひと》たちにだっこしてもらったのです。

「それから……、最初《さいしょ》にだっこしてくれた犬《いぬ》が、ジョン！　空翔《そらと》は、ジョンのとなりにねていただけだけど、空翔《そらと》の心《こころ》をだれよりもぎゅっとだきしめて、ぽかぽかにしてくれたから、あれは、ジョンのだっこ！」

空《そら》くんママの言葉《ことば》に、みどりさんは、図書館《としょかん》で空《そら》くんと会《あ》ったときのことを思《おも》いだしていました。

ジョンのリードを小《ちい》さな手《て》で思《おも》いきりにぎっていた空《そら》くん――。

あのとき、空《そら》くんはジョンに何《なに》をいいたかったのでしょうか。

「ジョン、待《ま》って！　行《い》かないで！」といいたかったのでしょうか。

それとも、空《そら》くんがいいたかったのは、「ジョン、ありがとう」だったかもしれません。

でも、もうどうしたって、空《そら》くんに聞《き》くことはできません。

みどりさんは、泣《な》きながら、アルバムをつぎつぎとめくっていきました。

空《そら》くんをだっこした六百人《ろっぴゃくにん》の人《ひと》たちはみんな、幸《しあわ》せがあふれんばかりの、とびっきりの笑顔《えがお》です。

たちまち、みどりさんの心《こころ》の中《なか》にあたたかなものが広《ひろ》がっていきました。

「幸《しあわ》せって……、だれかにあげたら、あげた分《ぶん》、自分《じぶん》の中《なか》にふえるんだね……」

みどりさんは、あふれるなみだを止《と》めることができませんでした。

「空《そら》くん……ママの子《こ》どもに生《う》まれて、本当《ほんとう》に幸《しあわ》せだったね……。ママも空《そら》くんのママで幸《しあわ》せだったね……。最後《さいご》のだっこが……、ママの胸《むね》の中《なか》で、よかった……」

みどりさんは、そういいながら「六百人《ろっぴゃくにん》のだっこ」のアルバムを静《しず》かにとじ、なみだでぬれた空《そら》くんママの手《て》をしっかりとにぎりました。

みどりさんと空《そら》くんママの手《て》――。

ふたりの手《て》をしっかりと結《むす》んだのも、まちがいなくセラピー犬《けん》のジョンだったのです――。

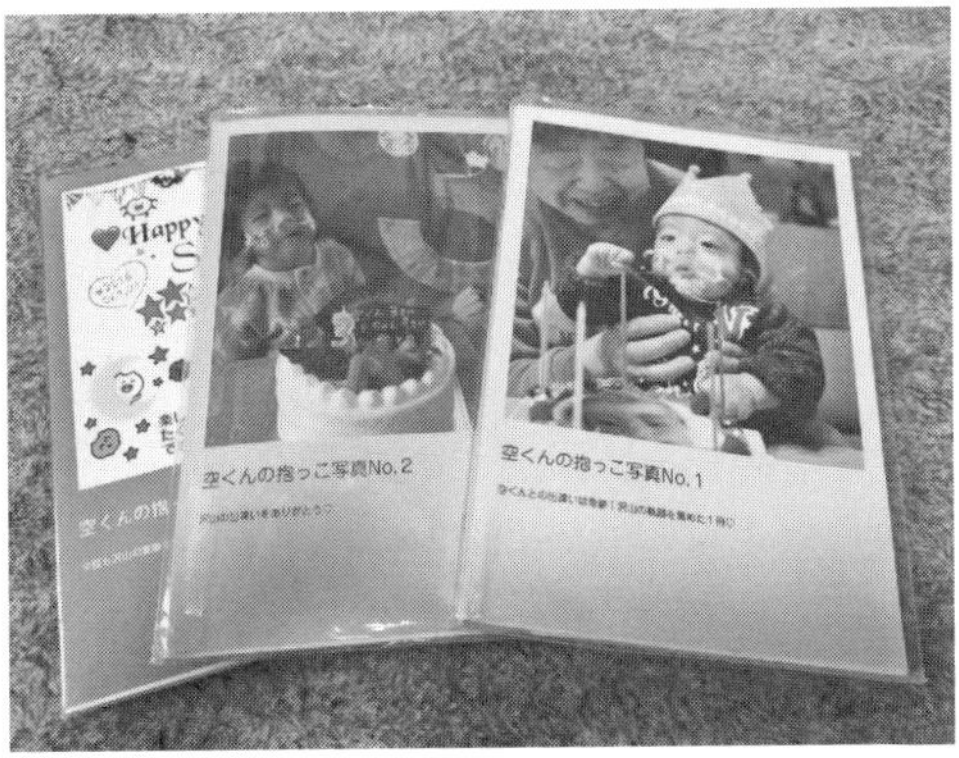

600人分《にんぶん》の笑顔《えがお》をまとめた、空《そら》くんのだっこアルバム。

空《そら》くんをだっこする空《そら》くんママ。ジョンは、空《そら》くんとママの心《こころ》をぎゅっと“だっこ”したセラピー犬《けん》だった。

ジョン……ずっと大《だい》好《す》き！

空《そら》くんが天国《てんごく》にお引《ひ》っこしして一年半《いちねんはん》がすぎ、ジョンは十三《じゅうさん》さいになりました。

ますますおじいちゃんになったジョンは、歩《ある》くのもゆっくりで、ときどきカートに乗《の》せてもらいながら、毎日《まいにち》の散歩《さんぽ》をみどりさんと楽《たの》しみます。

みどりさんが、ジョンのカートをおしながら自宅近《じたくちか》くの河原《かわら》を歩《ある》いていると、スマートフォンにメッセージがとどきました。

未来《みく》ちゃんです。

ときどきみどりさんのもとにとどく未来《みく》ちゃんのメッセージからは、

いつも元気《げんき》な様子《ようす》が伝《つた》わってきます。

あのとき小学生《しょうがくせい》だった未来《みく》ちゃんは、大学《だいがく》二年生《にねんせい》になっていました。

元気《げんき》に大学《だいがく》に通《かよ》いながら、アルバイトもがんばっているようです。


〝大好《だいす》きなジョン！

あのころの入院《にゅういん》が生《い》きている中《なか》でいちばんつらかったよ……。

でも、ジョンがいたからがんばれた！　病気《びょうき》にならなかったらジョンと会《あ》えなかったよね！

ジョン、いっぱい、いっぱいありがとう！

つらい思《おも》いしたから、今《いま》はどんなことでもがんばれるよ！

勉強《べんきょう》づくえの上《うえ》には今《いま》でもジョンの写真《しゃしん》を大切《たいせつ》にかざっています。

ジョン……ずっと大好《だいす》き！〟

みどりさんは、未来《みく》ちゃんからのメッセージを何度《なんど》も読《よ》みかえしながら、すっかり年老《としお》いて白髪《しらが》がまじったジョンの横顔《よこがお》を見《み》つめました。

「ジョン……」

聞《き》こえていないのか、ジョンはカートの中《なか》でうとうとしています。

「ジョン、これまで、ありがとうね。これからはいっしょに、ゆっくり、ゆっくり年《とし》を取《と》っていこうね」

みどりさんとジョンが、はじめてこども病院《びょういん》を訪問《ほうもん》した日《ひ》から、十《じゅう》年近《ねんちか》くの年月《としつき》が流《なが》れていました。

著者　今西 乃子（いまにし のりこ）

主に児童書のノンフィクションを手がける。執筆のかたわら、愛犬・未来をテーマにした「命の授業」を小学校などで行っている。
（公財）日本動物愛護協会常任理事
（一社）日本児童文学者協会会員
ノンフィクション作品に『光をくれた犬たち 盲導犬の一生』『捨て犬たちとめざす明日』『よみがえれアイボ ロボット犬の命をつなげ』『犬たちをおくる日 この命、灰になるために生まれてきたんじゃない』（金の星社）『かがやけいのち！ みらいちゃん』『さようなら、捨て犬・未来』（岩崎書店）、フィクション作品に『人間になりたかった犬』（新日本出版社）他多数。

公式サイト　https://www.noriyakko.com

＊この本は、著者・今西乃子が飯塚みどり様・國井一美様・長重智美様への聞き取り取材によって構成しました。
セラピー犬ジョンと関わりを持ってくださったすべての皆様に心より感謝申し上げます。

取材・制作協力

飯塚 みどり

國井 一美

長重 智美

写真提供

北村 隆史
（カバー／おもて表紙　口絵／P.1、P.2 上から 3・4 番目、P.4 下部
本文／P.4、P.5 左、P.85、P.109）

田澤 純
（カバー／うら表紙　口絵／P.4 上から 1・3 番目）

その他の写真は、取材・制作協力者の皆様からご提供いただきました。

（敬称略）

装丁　八木 孝枝
デザイン・DTP　ニシ工芸株式会社（小林 友利香・岡田 貴正・高瀬 和也）
編集協力　ニシ工芸株式会社、船木 妙子

セラピー犬ジョン
こども病院のきせき

初版発行　2025年4月

著者　今西 乃子

発行所　株式会社 金の星社
〒111-0056 東京都台東区小島 1-4-3
電話 03-3861-1861（代表）　FAX 03-3861-1507
振替 00100-0-64678
ホームページ　https://www.kinnohoshi.co.jp

印刷　岩岡印刷 株式会社

製本　牧製本印刷 株式会社

110P　19.5cm　NDC916　ISBN978-4-323-07591-4